Inhalt

W0058486

Peter Bubmann

Sound zwischen Himmel und Erde

Populäre christliche Musik

Mit Beiträgen von Friedrich Rößner,
Wolfgang Schuhmacher und Wolfgang Töllner

 Quell

Fotos:

Thomas Beinhauer, Aalen (S. 29), Foto-Studio Günzel, Öhringen
(S. 38), Wolfram S. C. Heidenreich, Mainz (S. 17 und 36), Peter
Janssens Musik Verlag, Telgte (S. 24), Privat (S. 18, 27 und 33)

ISBN 3-7918-2260-8

© Quell Verlag, Stuttgart 1990
Printed in Germany · Alle Rechte vorbehalten
1. Auflage 1990
Einbandgestaltung: Klaus Dempel, Stuttgart
Satz und Druck: Quell Verlag, Stuttgart

Vorwort

Wir sind am Sonntag früh unterwegs auf der Autobahn zwischen Stuttgart und München und versuchen, im Radio die Sendung »Songs um 8« mit christlicher Rock- und Popmusik ausfindig zu machen. Da wir die Sendefrequenz von SDR 3 nicht im Kopf haben und uns aus keinem der Kanäle ein eindeutiges »Praise the Lord« entgegenschallt, hilft nur die Orientierung am »Sound«. Gibt es einen typisch *christlichen* Klang oder Musikstil? Sollten wir vielleicht doch eher auf eindeutige Lied- und Zwischentexte warten? Oder bezieht sich das Attribut »christlich« allein auf den Lebensstil der Musikerinnen und Musiker?

Wir entschieden uns für einen Soul-Titel, der stilistisch durchaus in das bei Verkehrsfunksendern übliche Repertoire paßte, und trafen ins Schwarze. Die Familie im Wagen nebenan, die sich zur selben Zeit gen Süden in den Urlaub bewegte, wird allein vom Sound her kaum auf eine christliche Sendung geschlossen haben. Daraus könnte man nun etwas voreilig folgern, daß christliche Popularmusik nichts weiter als ein auf breiter Schleimspur dahinschmierender Parasit des internationalen musikindustriellen Komplexes sei – eine etwas glitschige Perspektive . . . und ein Vorurteil dazu. Vielleicht haben wir es ja ganz im Gegenteil mit einer eigenständigen prophetischen Avantgarde der Kirchenmusik zu tun, die die Zeichen der Zeit erkennt und mit Rockes Hilfe dem übersättigten Konsumpublikum die Jesus-Message in die Gehörgänge schraubt?

Etwas ernsthafter gefragt: Wo befindet sich eigentlich die real existierende populäre christliche Musik im Spannungsfeld von Profit und Prophetie, von Massenkonsum und Verkündigung?

Nun bringen Sie ja sicher Ihre Antwort schon mit. Ich unterstelle Ihnen der Einfachheit halber einen Moment lang, daß Sie zu einer der folgenden Hauptgruppen gehören und sich von meinem Buch die Bestätigung Ihrer Position erhoffen:

Jesus würde heute – so die einen – seine berühmte Predigt an die Jünger statt vom Berge herab wohl eher von der Hauptbühne eines großen Stadions aus multimedial in Szene setzen, stilistisch raffiniert zwischen Bob Dylan, Cliff Richard und Hans-Jürgen Hufeisen hin- und herpendelnd.

Oder – so die anderen – Rock- und Popmusik sei Vorgeschmack der Apokalypse und Ausverkauf der christlich-abendländischen Kultur.

Oder drittens: Populäre Musik sei als Ästhetik der Massen *die* basisdemokratische Kunstform des ausgehenden 20. Jahrhunderts und damit im Sinne einer »Theologie von unten« die angemessene Option der Kirchenmusik für die »geistlich Armen«.

Schließlich: Christliche Popularmusik sei ja ein ganz nettes Hobby mancher Jesusfreaks, aber für die säkulare Rock- und Popszene wie für das christliche Gemeindeleben gleichermaßen irrelevant.

Da muß ich Sie wohl alle enttäuschen: Keine der genannten Positionen werde ich einfach übernehmen, ich will mich auch nicht bequem in der goldenen Mitte niederlassen, sondern standhaft zwischen allen Stühlen stehenbleiben. Und zu dieser Stehparty will ich Sie mit diesem Buch einladen. Neben Small-Talk über Geschichte, Formen und Techniken von Gospelrock, Sacropop, Neuem Geistlichen Lied und anderem erwartet Sie dabei auch gediegenere Theologen-Kost nach paulinischem Rezept sowie Ausflüge in Fragestellungen der Musiksoziologie, der Ästhetik und der Pädagogik.

Daß es ein gewisses Wagnis ist, eine Einführung in die gegenwärtige populäre christliche Musik auf so engem Raum vorzulegen, ist mir bewußt. Denn jeder der Unterbereiche (Gospelrock, Sacropop, Liedermacher, Ten-Sing-Bewegung, Jugendchöre, Taizé-Musik usw.) würde eine eigene ausführliche Darstellung verdienen. Doch geht es mir zunächst darum, einen ersten Überblick über die Vielfalt der Gruppen und Einzelpersonen, über Chancen und Probleme dieser Musikformen zu vermitteln. Musikerkollegen und -kolleginnen, die ihren Namen oder denjenigen ihrer Gruppe in diesem Buch trotz akribischer Suche nicht entdecken sollten, hoffe ich dadurch zu entschädigen, daß die gemeinsamen Sachanliegen aufgenommen sind.

Dies ist ein Buch aus der Praxis für die Praxis. Praxisbücher leben von der persönlichen Erfahrung der Autoren und ihrer Gesprächspartner. Daher folgen nun einige Notizen zu den Mitarbeitern dieses Buches: Friedrich Rößner ist im Amt für Jugendarbeit der Evangelisch-Lutherischen Kirche in Bayern als Diakon für den missionarischen Einsatz von Popmusik zuständig, Wolfgang Schuhmacher ist als römisch-katholischer Priester im Saarland tätig, Pfarrer Wolfgang Töllner, Prodekan in München, schreibt neben seinen dienstlichen Aufgaben Texte für Gemeindelieder, Kantaten und Oratorien und sitzt im Ausschuß für das neue Gesangbuch der Evangelischen Kirche in Deutschland. Ich selbst bin als klassischer Musiker ausgebildet (Querflöte, Klavier), war in Schulzeiten zuerst Mitglied einer Jazz-, dann einer (säkularen) Rockgruppe (Stil zwischen Queen und Saga) und habe Theologie und Kirchenmusik (C-Prüfung) studiert. Für die 1983 gegründete »Studiogruppe ZEBAOTH«, die vor allem bei Kirchentagen und ähnlichen Veranstaltungen auftritt, bin ich seither als Komponist und Leiter aktiv. Die traditionelle Kirchenmusik liegt mir dabei genauso am Herzen wie Gospelrock, Sacropop oder neue meditative Musik.
Dieses Buch beruht zu einem guten Teil auf Informationen durch Insider aus dem Bereich der christlichen Popularmu-

sik, die mir ihre Zeit und ihr Wissen zur Verfügung stellten. Besonders möchte ich mich für ausführliche Gespräche und Briefwechsel bedanken bei Winfried Dalferth, Peter Janssens, Andreas Malessa, Hans Reichel, Friedrich Rößner, Manfred Siebald und Gottfried Schreiter. Wertvolle Informationen erhielt ich auch von Eckart Bücken, Siegfried Fietz, Klaus Heizmann, Theo Lehmann, Christoph Noetzel und anderen.

Beim Korrekturlesen des Manuskripts halfen mir Helga Bubmann, Andreas Esther, Karen Schaub und Wolfgang Schuhmacher. Ihnen sei wie auch den Koautoren für ihre Beiträge zu diesem Buch herzlich gedankt.

Die grundlegenden Bücher, auf denen ich aufbauen konnte und die ich zur vertiefenden Beschäftigung mit dem Thema empfehle, sind im Literaturverzeichnis getrennt am Anfang aufgeführt. Die allgemeine Literaturliste geht über das in diesem Buch zitierte Material hinaus und dient zur Weiterarbeit.

Kopfzerbrechen hat mir mein Anliegen bereitet, in diesem Buch eine frauengerechte Sprache zu schreiben. Gerne wollte ich immer die femininen und maskulinen Formen (also Hörerinnen und Hörer; man/frau) gemeinsam nennen, doch würde der Stil dadurch sehr holprig. So begnüge ich mich notgedrungen damit, gelegentlich durch pointierte Setzung femininer Formen darauf hinzuweisen, daß die Leserinnen immer mitgemeint sind, auch wenn ein maskuliner Begriff (noch) für beide Geschlechter steht.

»Nun aber wollen wir sofort mit unserer Erzählung beginnen; wir haben uns schon allzu lang mit dem Vorwort aufgehalten, und es wäre ja unsinnig, vor der Erzählung viele Worte zu machen, die Erzählung selbst aber zu kürzen.« (2. Buch der Makkabäer 2, 32 nach der Einheitsübersetzung der Bibel)

Heidelberg, im Frühjahr 1990   *Peter Bubmann*

Protest, Profit und Lebenshilfe –
Populäre Musik
als Bestandteil der Alltagswelt

Überlegen Sie bitte einmal kurz, wo Sie populäre Musik hören: im Auto, im Restaurant, beim Zeitunglesen, im Fernsehen, bei der Morgentoilette, im Fahrstuhl, in der Disco, im Popkonzert oder während der Arbeit?

Ich bin mit klassischer Musik aufgewachsen und hatte eines Tages ein Schlüsselerlebnis: Mein Flötenlehrer nahm mich nach der Flötenstunde auf dem Weg zum Stadttheater Augsburg in seinem Wagen mit. Und während wir gerade noch am Quantz-Flötenkonzert gearbeitet hatten, legte er nun eine Kassette mit Ella Fitzgerald und kommerziellem Big-Band-Jazz ein. Der satte Sound ließ mich nicht mehr los, und so kaufte ich mir einige Tage später meine erste Kassette mit Unterhaltungsmusik, um sie bis heute immer wieder gerne zu hören – vor allem im Auto . . .

Populäre Musik war schon immer Bestandteil der Alltagswelt, früher beim Arbeiten auf dem Feld, beim Wiegen der Kinder oder zum Zeitvertreib an langen Abenden. Bis ins 19. Jahrhundert hinein war sie meist aktiv musizierte und gesungene Volksmusik – auch viele Kirchenlieder zählen dazu. Das ändert sich, als ein Teil der leichten Musik zur Vergnügungsware wird und in Salons, Operetten- und Tanzhäusern, in Straßencafés und Cabarets von breiteren Bevölkerungsschichten konsumiert wird. Für die sich rasant entwickelnde Musikindustrie (zuerst Notenblätter, dann Schallplatten, Tonfilm, Kassetten, CDs) zählt vor allem der Absatz. Musikstücke sollen gewinnträchtig sein, sie müssen »einschlagen«, eben »Schlager« oder »Hits« werden. So entsteht ein neuer Musiktyp, den ich in Anlehnung an wissenschaftliche Studien[1] »Popularmusik« nennen will. Sie ist an industrielle Produktionsmethoden gebunden (Herstellung im Team von Experten nach Kriterien der möglichen Wirkung beim Publikum) und zielt als Gebrauchsmusik der Masse auf möglichst leichte Aneignung und weitestgehende Verbreitung. Sie ist als Ware nicht allein von ihrer musikalischen Struktur her zu begreifen und zu bewerten. Die außermusikalischen Faktoren der Popularmusik spielen eine wichtige, oft sogar zentrale Rolle: der Starkult um Interpreten, die gemeinschaftsstiftende Funktion von Fan-Clubs, die Möglichkeit zur Abgrenzung gegen ältere Generationen durch jugendspezifische Musik etc.

Nicht alle populäre Musik ist Popularmusik: Beliebte Volkslieder, bekannte Repertoirestücke der klassischen Literatur oder das Standardprogramm von Männer- und Jugendchören werden zwar auch durch Rundfunk und Tonträger massenhaft verbreitet, sind jedoch nicht für die industrielle Verwertung komponiert worden und besitzen auch heute noch ihren eigentlichen »Sitz im Leben«: Hausmusik, Konzertsaal und Probenraum.

Die heutige Popularmusik ist vor allem durch die amerikanische Musikproduktion bestimmt. Aus Vermischungen der Volksmusik der Schwarzen (des Blues und der Spirituals) mit populärem Liedgut der Weißen entstanden neue Formen der Popularmusik: Jazz, Rhythm & Blues, schließlich durch die Verbindung mit der weißen Country & Western-Tradition der Rock 'n' Roll (etwa ab 1953), auf den Beat, Rock, Punk und Heavy-Metal folgten. Eine andere Linie entwickelte sich aus Rhythm & Blues, Gospels (religiöse Gesänge der Schwarzen) über Soul hin zur Disco-Musik. Die Musikindustrie bemächtigte sich jeweils nach kurzem Zögern neuer Stile (selbst des Punk) und wertete sie systematisch aus. Heute ist die Musikbranche einer der wichtigsten Industriezweige in den westlichen Demokratien. Und aus Hinterhofmusikern sind Rockkapitalisten geworden (Rolling Stones, Queen u. v. a.).

Trotzdem verbindet sich vor allem mit dem Begriff der Rockmusik das Image einer revolutionären Gegenkultur zum herrschenden Establishment. Diese »Ideologie des Rock« rührt daher, daß der Rock 'n' Roll der fünfziger Jahre mit seinen Repräsentanten Elvis Presley und Bill Haley zum Symbol einer rebellierenden Jugendgeneration wurde. Von Rock 'n' Roll bis Hard-Rock schien Musik, die den ganzen Körper durch Lautstärke, Tanz und sexuelle Andeutungen beansprucht, zur Selbstabgrenzung gegen eine technokratisch-rationale Spießerwelt bestens geeignet zu sein. Für viele Jugendliche ist Rockmusik bis heute »ein Lebensgefühl, eine Lebenseinstellung, die gegen die Erwachsenenwelt opponiert«. Anderen »dagegen dient Popmusik oder Soft-Rock lediglich als flache Background-Unterhaltung zum bloßen Vergnügen und zur Ablenkung«[2]. Der Unterschied zwischen Rock und Pop wird entsprechend meist damit angegeben, daß Popmusik die leicht konsumierbare, verschlagerte Unterhaltungsmusik ohne innovative Impulse sei (etwa die Musik der Gruppe ABBA, aber auch der spätere Elvis Presley oder Cliff Richard), während Rock sozusagen die »ernste« Avantgarde der Popularmusik ist (heute vor allem die Heavy Metal-Szene). So ist eigentlich nur ein kleiner Teil der Popularmusik wirkliche Gegenkultur (vorwiegend der Jugend), während die meiste Rock- und Popmusik als Teilkultur einer pluralistischen, konsumorientierten und kapitalistisch organisierten Gesellschaft zu gelten hat. Die Versöhnung von Protest und Genuß, von politischem Engagement und narzißtischer Zerstreuung wird immer wieder neu durch das Rockbusiness inszeniert (zur Zeit etwa durch die Vermarktung von gesellschaftskritischen Sängerinnen wie Tracy Chapman, Suzanne Vega, Melissa Etheridge u. a.).

So wie Rock- und Popmusik zwischen Protest und Vergnügen

angesiedelt ist, so ist Popularmusik einesteils »Zuhör-«, anderenteils »Weghörmusik«. Die Hintergrundmusik in Lokalen, in Kaufhäusern oder im Wartezimmer des Zahnarztes dient gar nicht dazu, wirklich wahrgenommen zu werden. Sie soll lediglich eine angenehme akustische Grundstimmung erzeugen, ist also Teil einer gemütlichen »innenarchitektonischen Raumgestaltung«. Ähnlich dient populäre Musik in Filmen und Werbung außermusikalischen Zwecken. Bewertet man sie allein von ästhetischen Kategorien her, wird man ihrer Intention also nicht gerecht.

Populäre Musik kann als Bestandteil alltäglicher Rituale gleichsam religiöse Bedeutung gewinnen. Sie kann Gemeinschaft stiften und zur Versöhnung von Körper, Psyche und Geist beitragen. Durch die Identifizierung mit Stars, durch die entspannende Versenkung in Popmusik mit Walkman oder aufgedrehter Hi-Fi-Anlage erfahren viele Menschen eine Stabilisierung ihres Lebens.

Die Gefahr, daß populäre Musik zum weltflüchtigen Religionsersatz wird, ist nicht von der Hand zu weisen. Darauf werde ich weiter unten noch genauer eingehen. Zunächst ist festzuhalten, daß sich religiöse Elemente, von dezidiert christlich bis okkult satanistisch, in der populären Musik finden lassen. Bisweilen tauchen in Texten bekannterer Stars wie Cat Stevens, John Lennon, Prince, Peter Maffay, Herbert Grönemeyer und Wolfgang Niedecken religiöse Motive und Metaphern auf.[3] Es gibt eine Reihe von Profis im säkularen Showbusiness, die sich bewußt als Christen verstehen, teils auch in ihren Konzerten etwas davon durchklingen lassen, z.B. Cliff Richard, zeitweise Bob Dylan, Donna Summer, die Rockgruppe »U 2«. Andere religiöse Bekehrte zogen sich allerdings aus dem weltlichen Pop-Geschäft zurück, um sich ganz ihrem Glauben hinzugeben oder ausschließlich religiöse Musik zu produzieren (z.B. der zum Islam konvertierte Cat Stevens oder die Katholikin Inge Brück).

Der Fisch im Popgewand –
Phänomene
populärer christlicher Musik

Der Fisch ist eines der ersten bildhaften Symbole für Christus und Erkennungszeichen von Christen. Mit anderen kommunikativen Mitteln und Symbolen und mit populärer Musik versuchen heute viele Menschen, der Botschaft Christi Ausdruck zu verleihen. Sie tun dies in unterschiedlichen Situationen oder Zusammenhängen. Drei wichtige Bereiche solchen Einsatzes populärer christlicher Musik möchte ich im folgenden skizzieren.

Lobpreis, Tanz und Prophetie –
Populäre Musik in der Liturgie

In der »Oase Gottesdienst« beim Kirchentag 1989 in Berlin haben es viele Menschen miterlebt: Mittagssingen mit Taizé-Liedern – Lobpreis, Fürbitte und Klage mit einfachen, volkstümlichen Liedern. In derselben Halle erklingt später meditativer Sacropop, daneben neue geistliche Lieder zum Mitsingen, zum Teil mit Pop-Arrangement von einer Band begleitet, andere im Chanson-Stil nur vom Klavier unterstützt. Was hier in Messe-Hallen geschieht, wiederholt sich regelmäßig in vielen Gemeinden: Neue populäre Musik ist Bestandteil von Gottesdiensten in verschiedenen Konfessionen geworden. Gesungen wird aus offiziellen kirchlichen Liederbüchern oder eigenen Sammlungen, zu allen Stationen des Gottesdienstes existieren neue Lieder. Darüber hinaus gibt es instrumentale Musik des Lobpreises und der Freude, die sich als wortlose »psychosomatische Musik«[1] an den hörenden Menschen als Einheit von Leib und Seele wendet und zu Bewegung oder Klatschen einlädt.

Die 1960 in den USA gegründete Jugendmissionsbewegung »Jugend mit einer Mission« pflegt mit besonderem Engagement die sogenannte »Praise«-Musik, anbetende Pop-Balladen, die inzwischen ihren festen Platz im Spektrum christlicher Popularmusik gefunden haben.

Der Tanz hatte es in der christlichen Kirche schwer.[2] Er wurde von der frühen Kirche aus der Liturgie verbannt, da die heidnischen Religionsformen der Antike oftmals mit ekstatischen Tanztechniken verknüpft waren (z.B. der Dionysoskult in Griechenland). Im Alten Testament wird dagegen noch unbefangen davon erzählt, daß König David vor der Bundeslade getanzt hat (2. Sam. 6, 14).

Lediglich Schreit-Prozessionen hat die katholische Kirche innerhalb ihrer Liturgie als Formen legitimer körperlicher Bewegung zugelassen (dazu erklingen gregorianische Psalm-Gesänge). Das Volk kannte im Mittelalter allerdings auch Mysterientänze, Totentänze, Springprozessionen etc.[3] Erst im 20. Jahrhundert besinnen sich viele Christen und vor allem Christinnen wieder darauf, daß Gott auch mit dem ganzen Körper, mit expressivem oder gar ekstatischem Tanz im Gottesdienst gelobt und seine Botschaft durch Bewegung veranschaulicht werden kann. Popularmusik bietet sich zur Unterstützung an, verschiedene Gruppen wagen Experimente mit liturgischem Tanz und populärer Musik. Vorbild solcher Versuche in Deutschland sind die Werke von Hans-Jürgen Hufeisen (Flöten, Tanz) und David Plüss (Klavier). Die internationale Gruppe »Gen Verde« entwickelt in ähnlicher Weise populäre Gesamtkunstwerke.

Populäre Musik trägt auch zur prophetischen Verkündigung des Willens Gottes bei. Das geschieht innerhalb des Gottesdienstes durch biblische Erzähl- oder Spiellieder, wie sie etwa von Peter Janssens und Ludger Edelkötter entwickelt wurden. Oder es handelt sich um Hoffnungs- und »Mutmach«-lieder, die sich die Versammelten gegenseitig zusingen (z.B. »Freunde, daß der Mandelzweig«, »Einsam bist du klein«, »Fürchte dich nicht«). Die Auslegung von Bibeltexten und die aktuelle Verkündigung kann statt durch die herkömmliche Predigt auch durch das Singen von thematisch aufeinander abgestimmten Liedern erfolgen, eine Möglichkeit, die schon vom Grafen Nikolaus Ludwig von Zinzendorf, dem Begründer der Herrnhuter Brüdergemeine, in seiner Singstunde (ab 1727) genutzt wurde.[4]

Die Jesusfalle – Gospelrock und Evangelisation

Es gibt sie schon noch, die traditionelle missionarische Veranstaltung, die auf die Bekehrung von bisher Nichtentschiedenen drängt. Auch einige Musikgruppen haben sich diesem Konzept verschrieben. Da sitze ich etwa in einem Konzert mit vorzüglicher, intelligent arrangierter und perfekt vorgetragener Popmusik und freue mich an Musik wie Texten, bis – rums! – kurz vor Konzertende die Jesusfalle ins Schloß fällt und einer der Hauptakteure mir seine ergreifende Hinwendung zu Jesus nahebringt und mich damit zu ebensolcher Umkehr animieren will. Die Tatsache von Bekehrungen will ich keineswegs lächerlich machen, aber das Reden darüber ist halt Geschmackssache... Offensichtlich trauen diejenigen Gruppen, die den inhaltlichen Schwerpunkt in missionarischen Konzerten auf die Zwischenansagen legen, ihrer eigenen Musik und den Liedtexten nicht allzuviel zu oder verstehen Musik nur als Köder, um die kirchenfremde Jugend in fromme Veranstaltungen zu locken.

Heute überwiegen jedoch andere musikalische Evangelisationsformen.[5] In den Arno & Andreas-Konzerten etwa sind die Songs selbst Hauptträger der Botschaft, der Text ist akustisch zu verstehen und wird durch Ansagen weiter erläutert und mit Predigtteilen vertieft. Es ergibt sich eine fröhliche, teils nachdenkliche Feststimmung fernab von jeder missionarischen Gesetzlichkeit. Die Musiker stehen zu Gesprächen zur Verfügung und wirken auf diese Weise seelsorgerlich.

Stärker konzertant ist ein Teil der großen Gospelrock-Festivals orientiert, die es inzwischen in Deutschland gibt.

Einzelne Gruppen und Interpreten bieten thematisch durchstrukturierte Veranstaltungen an, von Musicals (z.B. »Josef« von Johannes Nitsch und Jürgen Werth) über Oratorien (Paulus II von Siegfried Fietz) bis hin zu Passions- und Weihnachtskonzerten (von Hella Heizmann, Hans-Jürgen Hufeisen/David Plüss u.a.). Auch gibt es eine Reihe von Liedermachern, die ihre Glaubens- und Alltagserfahrungen in lyrisch-musikalischer Gestalt weitererzählen (am bekanntesten wohl Manfred Siebald).

Vor allem Gruppen aus der christlichen Heavy Metal-Szene, des sogenannten White Metal-Rock, versuchen, bei säkularen Rock-Veranstaltungen mitzumischen. Sie imitieren bewußt bis in die Kleidung hinein das Auftreten der säkularen Kollegen, um in der subkulturellen Sprache der Jugendlichen auf den Glauben an Jesus Christus aufmerksam zu machen (sie tun dies meist viel direkter, als sich das normale Kirchenchristen trauen würden; die amerikanische Gruppe Stryper ist dafür bekannt, daß innerhalb der Show jede Menge Bibeln ins Publikum geworfen werden).

Über die Live-Konzerte hinaus bringen die bekannteren Gruppen der Gospelrock-Szene durch ihre Platten bzw. CDs die christliche Popularmusik unters Volk. Ein eigener christlicher Musikmarkt mit Fachzeitschriften und professionellen Plattenvertriebsfirmen versorgt die Anhänger des Gospelrocks mit Altbewährtem und Brandaktuellem.

Während die meisten Gospelrock-Bands und -Solisten nach außen zur »Welt« hin missionarisch wirken wollen, geht es

Manfred Siebald

in vielen Jugendchören und in der Musikarbeit des CVJM (der sogenannten »Ten Sing-Bewegung«) zunächst um kreative Gemeinschaftserlebnisse und gegenseitige Glaubensstärkung. Der Akt gemeinsamen Musizierens selbst birgt hier schon durch seine kommunikative Struktur eine ethisch-spirituelle Dimension in sich. Durch die Einstudierung geistlicher Werke sind solche Gruppen und Chöre für Tausende von jungen wie älteren Menschen zu einem Zentrum ihrer Glaubenspraxis geworden.

Alles muß klein beginnen – Lieder für Gerechtigkeit, Frieden und Bewahrung der Schöpfung

»Alles muß klein beginnen / laß etwas Zeit verrinnen. / Es muß nur Kraft gewinnen / und endlich ist es groß. «[6]

Dieser im Blick auf die Entwicklung in der DDR im Herbst 1989 wahrhaft prophetische Text von Gerhard Schöne führt uns zu denjenigen Liedermachern, die sich aufgrund ihres christlichen Glaubens zu gesellschaftskritischen und politischen Aussagen verpflichtet sehen. Es sind dies in der BRD auffälligerweise Vertreter des liturgischen Sacropop (Peter Janssens, Reinhard Horn und die Gruppe Kontakte, Christoph Lehmann, Fritz Baltruweit sowie die Texter Hans-Jürgen Netz, Thomas Laubach u.a.), nichtkommerzielle Liedermacher (Otto Hees, Thomas Felder oder Daffy), ganz selten dagegen die Hauptaktiven des evangelisch-missionarischen Gospelrock (z.B. Clemens Bittlinger).

»Das könnte den Herren der Welt ja so passen, / wenn hier auf der Erde stets alles so bliebe, / wenn hier die Herrschaft der Herren, / wenn hier die Knechtschaft der Knechte / so weiterginge wie immer.«[7]

Clemens Bittlinger

Peter Janssens weiß, was er mit diesem Text von Kurt Marti vertont, war er doch seit 1964 zwölfmal in Lateinamerika und setzt sich seither in seinen Liedern und Singspielen mit der Ungerechtigkeit in der Welt, mit dem Unfrieden und mit ökologischen Problemen auseinander.

Bei Kirchentagen gab bzw. gibt es neben Formen wie dem Politischen Nachtgebet und der liturgischen Nacht auch Lateinamerikanische und Friedens-Beatmessen z.B. 1985 in Düsseldorf, 1987 Veranstaltungen gegen Apartheid in Südafrika und 1989 in Berlin eine Beatmesse zur Versöhnung mit den Völkern der Sowjetunion.

Trotzdem sind diese Lieder nicht einseitig parteipolitisch. Gegen eine solche politische Festlegung kirchlicher Gruppen egal in welche Richtung wehrt sich gerade Peter Janssens mit Nachdruck. Auch wissen die Akteure um die Grenzen, die den musikalischen Beiträgen zur Gesellschaftsveränderung gesetzt sind. Lieder allein werden nicht die ungerechten Strukturen der Weltwirtschaft aufbrechen oder beispielsweise die Robben vor dem Aussterben bewahren. Aber populäre Musik kann zur Solidarisierung der Unterdrückten beitragen und Impulse zum Bewußtseinswandel geben.

Von »Danke« bis »Christival« – 30 Jahre populäre christliche Musik in Deutschland

Titel haben ihre Tücken. Und so sind es strenggenommen vom Danke-Lied beim Preisausschreiben in Tutzing (veröffentlicht 1961) bis zum Evangelisationskongreß »Christival 1988« in Nürnberg weniger als 30 Jahre. Zählt man die Zeit vor »Danke« und nach »Christival« bis 1990 dazu, dann komme ich auf etwa 35 Jahre populärer christlicher Musik in Deutschland.

Wichtiger als diese Zahlenspiele ist die Klärung der Frage: Was bedeutet »populäre christliche Musik«? Zunächst zum Attribut »christlich«: Es bezeichnet nicht irgendeine bestimmte »fromme« Musikstruktur oder einen eigenen Kirchenstil. Vielmehr weist es zum einen auf das engagierte Christentum, in dem diese Musik ihren sozialen Ort hat, und bezieht sich zweitens – und das ist der wesentliche Sinn – auf die *geistliche Wirkung*, die von dieser Musik ausgeht. Der hierfür angemessene Begriff wäre »geistliche« Musik im Sinne einer Musik, die durch den Geist Gottes bestimmt ist. Solche Musik dient der Botschaft des Evangeliums durch Text wie Musik (vgl. Eph. 5, 19ff). Wenn ich trotzdem von »christlicher« Musik rede, dann deshalb, weil damit verdeutlicht wird, daß *Christi* Geist durch diese Musik wirkt (bzw. wirken soll).

In der protestantischen Theologie wird seit der Reformation von einem »doppelten« Kirchenbegriff gesprochen: Es wird »Kirche« als sichtbare soziale Größe von »Kirche« als der unsichtbaren Gemeinschaft der wahrhaft Gläubigen unterschieden. Ähnlich wäre nun zwischen den Organisationsstrukturen populärer christlicher Musik und ihrer geistlichen Qualität zu differenzieren. Wenn ich im folgenden von »Szenen« rede, meine ich damit immer die soziologisch beschreibbaren Strukturen im Sinne der sichtbaren Kirche. Der Geist Gottes – wenn er durch populäre Musik wirken will – ist nicht auf irgendwelche Szenen angewiesen. Er weht, wo er will (Joh. 3, 8), was nicht heißt, daß er sich nicht auch bestimmte Szenen in der Welt zunutze machen könnte.

Ich wähle bewußt in Anlehnung an die Definitionen des ersten Kapitels den etwas umständlichen Begriff »populäre christliche Musik«, um Phänomene wie die Taizé-Musik, die Jugendchöre etc., die ja nicht zur industriellen Popularmusik zu rechnen sind, nicht schon durch die Begrifflichkeit auszugrenzen.

Es gibt andere Vorschläge für einen Überbegriff. In der DDR etwa wird von »Jugendmusik« gesprochen. Das finde ich einfach deshalb problematisch, weil sich wahrscheinlich nicht alle heute 30- bis 40jährigen Fans populärer christlicher Musik unter dem Etikett (nicht-erwachsen-werden-wollende) »Jugend« einordnen lassen werden. Gottfried Schreiter, Motor der DDR-Band-Arbeit, schlägt inzwischen selbst einen anderen Begriff vor: »zeitgemäße Musik«[1]. Dieser Ausdruck ist mir zu ungenau und gleichzeitig zu stark wertend (wer bestimmt, was der Zeit gemäß ist?), und so bleibe ich beim Überbegriff der *populären christlichen Musik.*

Darunter fallen nun folgende Unterbereiche:

– *Gospelrock* nenne ich – auf Anregung von Andreas Malessa – die evangelistisch-missionarische Musikszene, die vor allem mit Stilmitteln der Rock- und Popmusik arbeitet und mit dieser »weltlichen« Sprache die Botschaft Jesu Christi durch Konzerte, Tonträger, Radio- und TV-Sendungen sowie Evangelisationsveranstaltungen in die Welt tragen will (Malessa nannte diese Szene früher »christliche Popmusik«).

- *Sacropop* ist neue Kirchenmusik mit Stilmitteln moderner Popularmusik. Der Begriff wurde 1971 von Peter Janssens geprägt. Dabei geht es nicht allein um gottesdienstliche Gebrauchsmusik, sondern auch um konzertante Großformen, wie Sacropop-Musicals, oder kommunikative Veranstaltungen, z.B. bei Kirchentagen. Werden in Posaunenchören moderne Arrangements geblasen, so gehört diese Musik mit zum Sacropop. (Die Posaunenchöre sind natürlich eine der Hauptstützen der populären kirchlichen Musik. Ich gehe in diesem Buch nicht näher auf diese Gruppen ein, weil ich sie zu den etablierten Kräften der Kirchenmusik rechne, und weil sie stilistisch nur wenig von der Popularmusik dieses Jahrhunderts beeinflußt sind.)
- Mit *Neues Geistliches Lied* (NGL) sind alle Bemühungen um neue Mitsing- und Vortragslieder für das Gemeindeleben zusammengefaßt.
- Auch den *Liedermachern und Liedermacherinnen* geht es um neue Lieder, teils in Überschneidung mit dem NGL, teils stärker missionarisch oder politisch ausgerichtet.
- Die *Jugendchorbewegung* ist, was die Zahl der Mitwirkenden betrifft, die stärkste der hier aufgezählten Gruppierungen. Stilistisch sind die Chöre oft nicht allein auf gegenwärtige populäre Musik fixiert, vielmehr wird Musik aller Musikepochen gesungen.
- Die zunehmende Bedeutung rechtfertigt es, *Meditations- und Praise-Musik* als eigenen Bereich aufzuführen.
- Schließlich darf die *populäre christliche Musik für Kinder* nicht vergessen werden.

Natürlich gibt es populäre christliche Musik nicht erst seit 30 oder 35 Jahren. Bereits das Mittelalter kannte geistliche Volkslieder (z.B. die sogenannten »Leisen«: Lieder, die auf ein »Kyrieleis« endeten). Und Martin Luthers erstes Werk als Liedermacher ist ein »Protest- und Propagandasong«[2] gegen die Verbrennung zweier seiner Anhänger in Brüssel (»Ein neues Lied wir heben an«, verfaßt 1523) und damit ein Beispiel einer gereimten populären Publizistik. Zu nennen wäre später das pietistische Liedgut, die erwecklichen Lieder des 19. Jahrhunderts und vor allem die Singbewegung zwischen den Weltkriegen, die noch bis in die fünfziger Jahre nachwirkte.

Die oben aufgelisteten Unterbereiche gegenwärtiger populärer christlicher Musik entstanden jedoch alle erst innerhalb der letzten 35 Jahre. Ich möchte die Entwicklung in dieser Zeitspanne grob in vier Phasen unterteilen:

Erster Aufbruch und Experimente (1955-1965);

Konsolidierung und Kritik (1965-1972);

Neue Impulse, Organisationsversuche und Differenzierung (1972-1978);

Institutionalisierung, Professionalisierung und Vielfalt (1978-1989).

Erster Aufbruch und Experimente (1955-1965)

Mitte der fünfziger Jahre schwappt die erste revolutionäre Jugendkultur aus den USA, der Rock 'n' Roll, nach Deutschland herüber. Auch die kirchliche Jugend verlangt nach neuen kulturellen Ausdrucks- und Gottesdienstformen. Erste Experimente werden gewagt, sie bleiben auf bestimmte Orte und Personen begrenzt, in den fünfziger Jahren finden sich keine Elemente der Popularmusik in offiziellen Liederheften oder Dokumentationen.

Es lassen sich bereits seit 1955 die verschiedenen Wurzeln der Unterbereiche gegenwärtiger populärer christlicher Musik erkennen: Ab 1956 verbreiten sich *Spirituals* in Deutschland, im gleichen Jahr verwendet der junge Kirchenmusiker Helmut Barbe Jazz-Elemente für sein Musical »Halleluja Billy«, das beim Kirchentag 1956 in Frankfurt uraufgeführt wird und bei vielen Hörern bleibenden Eindruck hinterläßt. Auch beim Katholikentag 1958 in Berlin erklingen Spirituals, ja sogar ein Tanzorchester spielt. Erst Anfang der sechziger Jahre jedoch fassen Jazz-Gottesdienste in einigen Gemeinden Fuß. 1962 finden in der Kanaankapelle der Marienschwestern in Darmstadt-Eberstadt missionarische Gottesdienste mit einer Studentenjazzband statt, Pfarrer Otto Friedrich und die von ihm gegründete (lutherische) »Christusträger«-Gemeinschaft stellen den Jazz in den Dienst der Evangelisation und werden so zu Vorreitern des missionarischen Einsatzes von Popularmusik. 1963 schreibt eine der Hauptpersonen des späteren Sacropop, der Katholik Peter Janssens, eine Messe mit Jazz-Elementen, es folgen weitere Werke, auch anderer Komponisten (z. B. von Heinz Werner Zimmermann). Überall werden Spirituals gesungen, teils verdeutscht und oft mit

Peter Janssens

24

Dixieland-Begleitung auf Schlagerniveau herabgesenkt. Authentischer Jazz in Kirchenräumen bleibt die Ausnahme.

Damit sind wir bei der zweiten Wurzel der christlichen Popularmusik, beim *religiösen Schlager*. Schon 1957 findet in Assisi ein »Festival des neuen Gesangs« statt. Im selben Jahr sind Platten mit deutschen Fassungen amerikanischer religiöser Schlager erhältlich. Evangelische Akademien diskutieren auf diversen Tagungen sofort die Brauchbarkeit solcher Musik, die Akademie Tutzing entschließt sich auf Initiative von Pfarrer Günter Hegele 1960 zu einem Preisausschreiben mit der Aufforderung zur Einsendung neuer religiöser Lieder, »die dem auch von Jazz und Unterhaltungsmusik geprägten musikalischen Resonanzvermögen der Jugend entsprechen«[3]. Das Siegerlied »Danke« des Kirchenmusikers Martin G. Schneider wird bei der Electrola auf Platte gepreßt, gerät schließlich in die Hitparaden und verkauft sich in Hunderttausenden von Exemplaren (fragen Sie mal die Verwandtschaft, ob nicht irgendwo noch ein »Danke«-Scheibchen herumliegt!). Auch manche Lieder der folgenden Preisausschreiben in Tutzing und des Kirchentages 1965, wie »Ein Schiff, das sich Gemeinde nennt« oder »Komm, sag es allen weiter« sind echte kirchenmusikalische Evergreens geworden.

Die dritte Wurzel der populären christlichen Musik liegt bei den Vertretern des *Neuen Geistlichen Liedes*, die sich bewußt nicht am Schlager, sondern am reformatorischen Choral und an Volksliedern, verbunden mit einem Schuß Rhythmik, orientieren. Hier sind vor allem die Lieder aus den »Liederwerkstätten« des Evangelischen Stadtjugendpfarramtes in Frankfurt/M. (Dieter Trautwein zusammen mit Gerd Watkinson u. a.), in Stuttgart-Bad Cannstatt (Kurt Rommel) und in Ottweiler/Saar (Martin Ohly und Hans-Helmut Knipping) zu nennen.

Vorreiter der *Liedermacher* und *Chansonniers* sind einige

seit 1958 auch auf Katholiken- und Kirchentagen singende katholische Patres und Schwestern, so der Jesuitenpater Aimé Duval, der Dominikaner Pater Maurice Jean Cocagnac und die belgische Nonne Soeur Sourire.

Die Missionsbewegung »Jugend für Christus« führt in Rehe/ Westerwald Ende der fünfziger Jahre Sommerfreizeiten durch, auf denen viel gesungen wird. Dort entsteht etwa ab 1958 der »Jugend-für-Christus-Chor« als eine der wichtigsten Keimzellen der späteren *Jugendchorbewegung*.

Konsolidierung und Kritik (1965-1972)

Mitte der sechziger Jahre weicht die Aufregung des ersten Aufbruchs der Selbstbesinnung. Erste Bücher zum Thema erscheinen[4], manches spielt sich ein, zaghafte Vermarktungsversuche entstehen, aber auch manche Fronten verhärten sich. Im evangelistisch-pietistischen Bereich profiliert sich Siegfried Fietz mit seinem »Fietz-Team«, er erhält 1966 beim Hermann Schulte-Verlag in Wetzlar eine feste Anstellung und startet für die Schallplattenabteilung dieses Verlages die acht Jahre dauernde Single-Reihe »Songs der frohen Botschaft« (dort spielen Bands wie die »Funzeln« aus Hannover u.a. ihre Lieder ein).

Schon seit 1960 sendet der dem Missionswerk »Jugend für Christus« nahestehende missionarische Rundfunksender Radio Monte Carlo, dessen deutscher Ableger sich »Evangeliums-Rundfunk« (»erf«) nennt und in Wetzlar ansässig ist. 1969 wird im Sendegefüge eine Lücke spätabends frei, was zum Startpunkt für eine jugendgemäße Sendung mit Popularmusik wird (verantwortlich: Hans Herbold). Da hierfür neue Produktionen christlicher Bands hergestellt werden müssen, entwickelt sich der »erf« zum Talentförderer des Nachwuchses.

Siegfried Fietz

Daneben erscheinen die ersten LPs deutscher christlicher Interpreten auf dem Markt.[5] 1965 tourt zum ersten Mal eine missionarische Band aus dem Ausland (die schottischen »Heralds« in Jazz-Combo-Besetzung) durch Deutschland und hinterläßt bleibenden Eindruck. Deutsche Bands wie die Living Stones oder die Joy Singers ziehen ab 1965 mit ihren musikalischen Aktivitäten nach. Die evangelistische Popmusik kann sich durch Unterstützung maßgeblicher Personen aus dem Bereich der Evangelisation (Wolfgang Dyck, Billy Graham und sein Übersetzer Peter Schneider) gegen manche Vorbehalte allmählich durchsetzen.

Aber auch im nichtkommerziellen Bereich in der BRD tut sich einiges. Ende der sechziger Jahre gibt es bereits erste Bandtreffen, in Württemberg finden erste Fortbildungsveranstaltungen für Bands auf regionaler Ebene statt, und erste christliche Gospelfestivals werden organisiert.

Im Sacropop-Bereich erscheinen Noten und Platten. Anfang der siebziger Jahre veröffentlichen einzelne Landeskirchen offizielle Anhänge mit neuen geistlichen Gemeindeliedern.[6] Es entstehen neue Jugendchöre (1968: Schalom-Chor; 1969: »Christussänger«). Und als Billy Graham bei seiner EURO 70-Evangelisation in der Dortmunder Westfalenhalle statt der traditionellen christlichen Sängerbünde nun Klaus Heizmann mit dem Jugend-für-Christus-Chor die chorische Ausgestaltung überläßt, ist für die Jugendchorbewegung eine erste große Hürde genommen.

An anderer Stelle kommt es jedoch auch zu Stagnation und Blockierung: Im Juni 1965 verbietet der Kölner Erzbischof Kardinal Frings Spirituals, Schlager und Jazz in der Kirche, im Mai 1966 werden durch die Deutsche Katholische Bischofskonferenz Jazz-Experimente und Ähnliches in der Eucharistiefeier untersagt. Und die meisten evangelischen wie katholischen Kirchenmusiker sträuben sich energisch gegen Schlager in der Kirche.

Neue Impulse, Organisationsversuche und Differenzierung (1972-1978)

Um 1972 kommt Bewegung in viele Teilbereiche der populären christlichen Musik. Neue musikalische Formen werden entwickelt, neue Namen tauchen auf, und die Verbindungen zum westlichen Ausland werden intensiviert.

Wohl angeregt durch die kommerziellen Musicalerfolge von »Jesus Christ Superstar« u.a., beginnen christliche Komponisten populärer Musik sich für die Großformen von Musical und Oratorium zu interessieren. Peter Janssens, inzwischen freiberuflich tätig, schreibt 1972 ein Sacropop-Musical »Menschensohn«, dem bis heute viele »Musikspiele« folgten. Ebenfalls 1972 produziert Siegfried Fietz sein erstes

»Paulus«-Oratorium, später dann Werke über »Johannes«, »Petrus« u.a., 1980 auch eine »Weltraum-Symphonie«. 1976 tritt Ludger Edelkötter mit seinem Franziskus-Musical »Ein Mann aus Assisi« an die Öffentlichkeit. Chöre wie der Jugend-für-Christus-Chor und die schwedische Gruppe »Choralerna« machen Musicals wie »Leben« oder »Living Water« Mitte der siebziger Jahre in der BRD bekannt.

Eine neue Generation – die heute Etablierten – taucht ab 1972 in der deutschen Gospelrockszene auf (von Arno & Andreas bis Jan Vering).[7]

Durch das Christival 1976 in Essen, den großen evangelistischen Mitarbeiterkongreß, bei dem auch Poptöne zu hören sind, wird der Wert der christlichen Popularmusik für die Evangelisation endgültig anerkannt. Die kritischen Einwände gegen christlichen Rock und Pop treten einige Jahre lang in den Hintergrund, bis sie durch eine Buchwelle

Arno & Andreas

(Hauptthema: Satanismusvorwurf) in den achtziger Jahren wieder aufleben.

Die Gospelrock-Szene beginnt sich geschäftlich zu organisieren: Neben den immer aufwendigeren Tournee- und Festivalaktivitäten entstehen 1974 Initiativen für den Import amerikanischer Gospelplatten (»gospelsound« und »gospelcontact«). Andreas Malessa schreibt als Info-Brief für »gospelcontact« das COGO-Blatt, die erste christliche »Musikzeitschrift« für Popmusik in der BRD. Schon 1975 gelingt es, amerikanische Stars der christlichen Szene zu Konzerten nach Deutschland (in Herne) zu holen. Plötzlich wird auch die deutsche Christenszene von amerikanischen christlichen Pop-LPs überschwemmt.

Für ehrgeizige Gospelrock-Bands an der Basis bietet vor allem der Evangeliumsrundfunk Wetzlar durch seine Nachwuchssendung »Förderband« seit 1974 die Chance, schnell bei einem größeren Publikum bekannt zu werden und Konzertverpflichtungen zu erhalten. Unabhängig von diesen Betriebsamkeiten hat sich Liedermacher und Poparrangeur Siegfried Fietz 1974 selbständig gemacht und bringt seit 1975 in seinem Abakus-Verlag stilistisch vielfältige Tonproduktionen heraus.

Auch der (meist landeskirchlich oder katholisch orientierte) Sacropop erlebt ab 1972 einen Aufbruch größerer Dimension. Von Peter Janssens Sacropop-Musicals war bereits die Rede. 1973 erklingt beim Evangelischen Kirchentag in Düsseldorf eine Beatmesse (Blarr/Seidel/Zils), und die Großform der Liturgischen Nacht bietet neue Möglichkeiten des Einsatzes von Sacropop. Im gleichen Jahr findet in der Thomaskirche Düsseldorf ein erstes Sacropop-Festival statt. Während bis 1977 das Peter Janssens Gesangsorchester und Oskar Gottlieb Blarrs Formationen nahezu einsame Vorreiter von Sacropop-Musik am Kirchentag sind, wachsen in den Gemeinden ab 1972 viele Sacropop-Gruppen, die sich Ende der siebziger Jahre auch oder sogar vornehmlich für den Kirchentag zu engagieren beginnen.[8]

Der Einsatz von Popmusik in der katholischen Kirche gestaltet sich dagegen aufgrund der lehramtlichen Verdikte gegen Pop und Rock in der Liturgie weitaus schwieriger. Eine eigene kommerzielle Gospelrock-Szene gibt es nicht. Vereinzelt können Sacropop-Gruppen wie Edelkötters »Impulse« und Peter Janssens bei Katholikentagen auftreten. Allerdings engagieren sich einige Einzelpersonen und Gruppen beharrlich für das Neue Geistliche Lied: Bereits 1971 entsteht im Bund der Deutschen Katholischen Jugend (BDKJ) im Erzbistum Köln der Arbeitskreis SINGLES, dem es um Förderung neuer geistlicher Lieder geht.[9]

Auf evangelischer Seite bemüht sich in ähnlicher Weise die bereits 1950 gegründete Arbeitsgemeinschaft Musik in der Evangelischen Jugend um Fortbildungsmöglichkeiten für Komponisten des NGL. Doch bleiben hier die etablierten Kräfte weitgehend unter sich. In den meisten landeskirchlichen »Normalgemeinden« setzen sich nach einer Studie von Karl-Peter Chilla[10] in dieser Zeit nur wenige und dann meist konservativere Weisen durch, die zudem nur sporadisch gesungen und meist von der Orgel begleitet werden. Beliebte Lieder sind: »Hilf, Herr meines Lebens« (Lohmann/Puls), »Ein Schiff, das sich Gemeinde nennt« (M. G. Schneider), das Calypso-Vaterunser, »Gott liebt diese Welt« (Walter Schulz).

Die Herausgabe der Liedersammlung »Sein Ruhm – unsere Freude« durch Pfarrer Joachim Cochlovius seit 1973 wirkt prägend auf die christliche Musikszene bis heute. Das Liederbuch zählt bald vor allem in pietistischen Kreisen zu den beliebtesten seiner Art und ist heute Standardmaterial auch in vielen landeskirchlichen Gemeinden.

Die inzwischen neu entstandenen Jugendchöre singen zumeist übersetzte amerikanische Literatur, bis 1973 Friedrich

Hänssler in Neuhausen/Stuttgart das erste spezielle Jugend-
chorliederheft »Neue Lieder vom Jugend-für-Christus-
Chor« mit poppiger Klavierbegleitung, herausgegeben von
Klaus Heizmann, druckt. Es folgen weitere Liederbücher, ab
1976 dann die Notenblattserie »Der junge Sound« mit Ein-
zelsätzen zu beliebten neueren Liedern.

Ein für die Folgezeit immer wichtiger werdender Einfluß auf
die bundesdeutsche christliche Musikszene kommt aus
Frankreich. In der 1949 gegründeten Kommunität von Taizé
wird viel gesungen: einfache liturgische Weisen und Kanones, teils von ostkirchlicher Liturgie beeinflußt. Als 1970 der
Prior der Kommunität Frère Roger Schutz ein »Konzil der Jugend« ausruft, wird Taizé zunehmend zum Wallfahrtsort von
Jugendlichen unterschiedlicher Konfessionen. Dort lernen
sie die von Bruder Jacques Berthier neu komponierten Gesänge kennen und bringen sie mit nach Hause. Ein neuer meditativer Kirchenmusikstil breitet sich aus. 1976 erscheint im
eigenen Taizé-Verlag das erste Notenheft mit den typischen
Kanones (»Jubilate Deo«). Es folgen ab 1978 weitere Hefte.

Institutionalisierung, Professionalisierung
und Vielfalt (1978-1989)

Die jüngste Phase der Entwicklung populärer christlicher
Musik ist charakterisiert durch die starke Expansion des
kommerziellen Gospelrock und der Musikarbeit beim Kirchentag, eine wahre Festival-Flut und vielfältige institutiona-
lisierte Fortbildungsmöglichkeiten, durch die Tendenz zu
multimedialen Formen und die zaghaften Versuche zur Über-
windung alter Gräben.

1979 wird die Pila music GmbH (Versand und Produktion
von Tonträgern) gegründet, 1982 übernimmt sie die Reste
der abgewirtschafteten »Blue Rose«-Produktionsfirma. Das

Jonathan & Laurant

führt unter dem Management der Eheleute Rittinghaus und durch die Zusammenarbeit mit dem jungen hochtalentierten Produzenten Dieter Falk zu einem Produktionsschub deutscher Gospelrock-Musik, flankiert durch Pilas qualifizierten Import und Vertrieb aller wichtigen amerikanischen Platten christlicher Interpreten und durch Aktivitäten weiterer Verlage und Labels (vgl. den Anhang). Ein deutscher Gospelrock-Markt entsteht, unterstützt durch das Pila-Info und die Berichterstattung in einschlägigen christlichen Jugend- bzw. Musik-Zeitschriften (s. Anhang). Da der Pila-Lagerbestand Ende 1989 allein Platten von über 350 ausländischen Interpreten enthält, erübrigt sich hier eine Aufzählung von Namen. Die deutsche Szene ist leichter zu überblicken: Zusammengerechnet um die 60 Musiker und Musikerinnen bzw. Bands erscheinen in den Lagerlisten der verschiedenen Verlage. Davon sind jedoch nur wenige hauptberuflich in der bundesdeutschen Gospelrock-Szene tätig (z.B. Dieter Falk), manche Aktive sind Journalisten (wie Andreas Malessa oder Christoph Zehendner), stehen in kirchlichen Diensten oder üben andere Berufe aus.[11]

Wichtiger Treffpunkt der professionellen Gospelrock-Szene und Gegenstand breiter Berichterstattung in den einschlägigen Zeitschriften werden in den achtziger Jahren die verschiedenen Großfestivals in ganz Europa (Greenbelt, De Bron, Flevo usw.[12]).

Der Sacropop-Bereich profitiert vor allem von der zunehmenden Attraktivität des Kirchentages. Schon der Kirchentag 1979 wird zu einem singenden Kirchentag, der politische Druck der Nachrüstungsdiskussion schweißt 1981 in Hamburg Musikgruppen verschiedener geistlicher Herkunft zusammen. Ab 1983 beschäftigen sich Großveranstaltungen mit den neuen populären Musikformen in der Kirche.[13] Die Institution des »Offenen Singens« mit großen Gruppen von Sängern und Sängerinnen ist schon lange nicht mehr wegzudenken. Von Kirchentag zu Kirchentag melden sich mehr Musikgruppen zur Mitarbeit an.[14] Durch Kontakte über die Veranstaltungstage hinaus entsteht ein Netz von Kirchentagskultur, das sich über das ganze Land erstreckt und alle zwei Jahre zusammengezogen wird.

In fast allen Bereichen populärer christlicher Musikarbeit ist ein Trend zu multimedialen Konzeptionen zu spüren: Es tauchen vermehrt Musiktheater-Gruppen und Mischformen aus Popmusik, Pantomime, Licht etc. auf, schon 1982 bei der Veranstaltung »Commusicultur« in Hamburg oder beim Christival 1988 in Nürnberg.

Bei den Katholikentagen erklingt populäre Musik besonders bei den vom Zentralkomitee der Deutschen Katholiken unabhängigen »Katholikentagen von unten«, so 1984 in München und 1986 in Aachen. Aber auch die offiziellen Liederhefte dieser beiden Katholikentage enthalten eine ganze Reihe populärer Songs und Kanons und sind in Liedauswahl und Gestaltung von hohem Niveau. Jedoch wird die Kritik an der Verwendung von Popularmusik im Gottesdienst u.a. von Joseph Kardinal Ratzinger grundsätzlich-theologisch vertieft (s. dazu S. 82ff). Die Situation bleibt wie in den siebziger Jahren: Wo es couragierte und kompetente Fachleute in der Jugendarbeit oder unter den Kirchenmusikern gibt, dort wachsen vielfältige und qualifizierte Beiträge zum Neuen Geistlichen Lied oder zur christlichen Popularmusik.[15]

Das Neue Geistliche Lied wird auch in den achtziger Jahren von den bewährten Kräften weitergeführt, meist sind die Melodien ganz traditionell oder volksliedhaft.[16] Das progressivere NGL stammt dagegen meist aus dem Bereich des Sacropop. Auch für Posaunenchöre gibt es nun Arrangements zur Begleitung neuer geistlicher Lieder und bekannter Sacropop-Titel.[17] In die offiziellen Liedanhänge mancher Landeskirchen aus den achtziger Jahren finden neben Melodien des NGL und des Sacropop verstärkt auch Rufe und Kanones aus Taizé und andere Anbetungsliteratur Eingang.

Die Jugendchorarbeit blüht in den achtziger Jahren auf, gefördert durch das 1981 von Klaus Heizmann und anderen gegründete »Musische Bildungszentrum« (MBZ) in St. Goar-Werlau. Diese auf dem Boden der Evangelischen Allianz stehende, jedoch frei finanzierte Fortbildungsstätte bietet seither Veranstaltungen zur Weiterbildung für Jugendchorleiter, Instrumentalisten etc. an.

Hunderte neuer Jugendchöre entstehen, angeregt durch neue Chorliteratur und inspiriert durch einige überregional wirkende Chöre: »Aufwind« (1979-1983, Leiter: Johannes Nitsch), »Spektrum« (= Jugendchor des Christlichen Sängerbundes 1981 bzw. 1983 bis 1986; Leiter: Martin Falk), der »Deutsche EC-Chor« (Leiter: Helmut Hoeft), die »Brückenbauer« (seit 1983; Leitung: Berthold Engel) und der »Studiochor des MBZ« (Leitung: Klaus Heizmann).

Hella Heizmann

Ebenfalls aus dem Musischen Bildungszentrum kommt die Idee, auch für Kinder Platten zu produzieren bzw. populäre Musicals zu schreiben und aufzuführen. Hella Heizmann bringt 1983 ihre erste Kinderplatte »Halleluja mit Händen und Füßen« heraus, es folgen weitere Werke, und 1989 geht sie mit dem Kindermusical »Die Hochzeit von Kana« auf Tour.

Kinderliteratur gibt es im Sacropop-Bereich schon seit den siebziger Jahren. Neben Peter Janssens haben sich Ludger Edelkötter und Detlev Jöcker von der Gruppe »Menschenkinder« darauf spezialisiert. Beide arbeiten heute überwiegend mit Kindern und haben eine ganze Reihe von Singheften, Kassetten u. a. herausgebracht. Im Bereich des traditionellen NGL haben besonders Rolf Schweizer und Gerd Watkinson neue geistliche Kinderlieder veröffentlicht.

Eine eigenständige Form der Musikarbeit übernimmt der

CVJM in der BRD seit 1986 vom norwegischen CVJM: Im Rahmen der offenen, nach innen gerichteten Jugendarbeit werden Jugendliche zwischen 13 und 19 Jahren unter dem Stichwort »Ten Sing« zu eigener Kreativität ermutigt, und dies nicht allein durch Musizieren in Pop- und Rockgruppen, sondern genauso durch Tanz, Theater, Bühnengestaltung, Öffentlichkeitsarbeit, Technik, geistliche Betreuung etc. Durch »Ten Sing« sollen einerseits die Formen der Pop-Jugendkultur ernstgenommen werden, andererseits wird angestrebt, eine einseitige Konsumhaltung durch eigenes Engagement zu überwinden.[18]

Ein Teil der Liedermacher, zunächst aus dem Bereich der Landeskirche Württemberg, schließt sich 1981 zur »Interessen-Gemeinschaft Liedermacher« in der Evangelischen Kirche in Württemberg (IG-Lima) zusammen, 1983 erfolgt die Ausweitung auf die Ebene der Evangelischen Kirche in Deutschland. Die IG-Lima veranstaltet unter ihrem Vorsitzenden Pfarrer Winfried Dalferth (»Daffy«) und seinen Stellvertretern Helmut Krüger und Klaus-Peter Lilienfein Gospelfeste, Schulungen, Seminare, baut ein Schallarchiv zur umfassenden Dokumentation populärer christlicher Musik der Gegenwart auf, gibt Tabulatur-Notenhefte mit Chorälen und NGL heraus und trägt sich mit großen Plänen, von denen am Ende dieses Buch noch die Rede sein wird.

Die evangelische Landeskirche Württemberg ist auch auf anderen Feldern der Organisation der populären Musik innerhalb der EKD führend: 1978 findet das erste offizielle Bandtreffen württembergischer Gruppen statt, man schließt sich zum Landesarbeitskreis Band in Württemberg (LaBiW) zusammen und gliedert sich beim Landesjugendpfarramt in Stuttgart an. Dies ist damals der erste Zusammenschluß dieser Art in der BRD. Im Frühjahr 1981 kommt es zur Gründung der Arbeitsgemeinschaft Musik in der Evangelischen Jugend in Württemberg (AGMW).[19] Die AGMW gibt eine

Winfried Dalferth

Adressenliste von Bands, Jugendchören und Liedermachern in Württemberg heraus, unterstützt Förderungsprogramme für Bands und präsentiert sich einer größeren Öffentlichkeit vor allem bei den Jugendmusiktagen (1986 und 1988 in Esslingen).

Für das evangelikale Spektrum haben die »Jubila«-Konferenzen (1975 in Böblingen, 1981/82 zum Jahreswechsel in Karlsruhe und 1986 in Hannover) und das »Christival 1988« in Nürnberg große Bedeutung und Ausstrahlung. Nach dem ursprünglichen Konzept der »Jubila« sollten die vier musikalischen Hauptrichtungen: traditionelle Kirchenmusik, Sacropop, traditionelles evangelistisches Erweckungslied und Gospelrock zusammengebracht werden. Doch blieben mangels Anwesenheit von Kirchenmusikern und Sacropop-Musikern die Evangelikalen weitgehend unter sich. Wie mir Andreas Malessa bestätigte, zeigt sich gerade bei diesen

Konferenzen mit ihrer Breite an musikalischen Erscheinungen vom Männerchor über klassische Konzertpianisten bis zur Rockgruppe, daß der Gospelrock neben seinem missionarischen Anspruch nach außen vor allem eine wichtige bewußtseinsverändernde Wirkung nach innen ausübt. Durch die Anerkennung des Gospelrock innerhalb der evangelikalen Szene werden nämlich die progressiv-liberalen Kräfte in den Freikirchen und pietistischen Gruppierungen gestärkt, und der alte, überholte Typ der Zeltmissionsveranstaltung mit schwarz-weiß malenden Evangelisten wird zur Randerscheinung gemacht.

Noch unzureichend entwickelt ist die Rundfunk- und TV-Arbeit mit populärer christlicher Musik, abgesehen vom »erf« und den Sendungen von Andreas Malessa und Siegfried Fietz (s. den Anhang). Der Bayerische Rundfunk hat z. B. nur wenige Minuten am Sonntag kurz nach 7 Uhr für christliche Popularmusik übrig, und im Fernsehen gibt es abgesehen von vereinzelten Sendungen kein regelmäßiges Forum für Gospelrock, Sacropop, Liedermacher oder Jugendchöre. Im Privatfunk ist die Situation je nach Bundesland unterschiedlich, teils gibt es schon eigene christliche Wellen (z. B. in Nürnberg).

In der DDR ist die Entwicklung innerhalb der landeskirchlichen und missionarischen Jugendarbeit ähnlich wie in der BRD verlaufen. Dagegen konnte sich eine freie kommerzielle Gospelrock-Szene außerhalb kirchlicher Veranstaltungen bedingt durch wirtschaftliche und politische Beschränkungen nicht entwickeln. Anstoß zur Gründung einiger Musikgruppen gaben die »Gottesdienste einmal anders« in Karl-Marx-Stadt, die monatlich seit 1963/1964 stattfanden und in denen Jazz- bzw. Dixielandtöne erklangen. Schon ab Ende der sechziger Jahre veranstaltete die katholische Jugendseelsorge im Bereich Dresden Fortbildungsseminare und Tagun-

gen, die auch von Angehörigen anderer Konfessionen genutzt wurden.

Einen Sprung nach vorne bedeutete die Einrichtung zweier
Planstellen für Jugendmusik in den lutherischen Landeskir-
chen Mecklenburg (1973) und Sachsen (1975). Thüringen,
Provinzsachsen und die Landeskirchliche Gemeinschaft
Sachsen zogen mit Teilanstellungen erst Mitte der achtziger
Jahre nach, 1988 auch das katholische Bistum Dresden-
Meißen.

Die christlichen Musikgruppen gestalteten ab den siebziger
Jahren zunehmend eigene Konzertveranstaltungen und be-
sorgten sich die nötige Technik. Zur Professionalität reichte
es jedoch mangels guter (West-)Technik und wegen der feh-
lenden Auftrittsgenehmigung in der Regel nicht. Eine Ausnahme ist der Chansonnier Gerhard Schöne. Allerdings will
er – laut Auskunft seines West-Managers – nicht als christlicher Musiker vereinnahmt werden, er verstehe sich als Musiker *und* Christ. Wahrscheinlich hat er seinen Erfolg auch dieser feinen Differenzierung zu verdanken.[20]

In der Lutherischen Landeskirche Sachsen war Diakon Gottfried Schreiter von 1975 bis 1989 mit der Förderung der Jugendmusik beauftragt. Es entstehen Fortbildungsveranstaltungen, eine Arbeitshilfe u. v. a. Wichtig ist die Gründung der
Arbeitsgemeinschaft Musik in der DDR (1982), in der sich
ca. 20 haupt- oder nebenamtlich mit Jugendmusik Beschäf-
tigte und weitere Interessierte zum Informationsaustausch
treffen (daneben gibt es ein Fachberatertreffen aller Enga-
gierten). Ende der achtziger Jahre haben fast alle Landeskirchen bzw. Freikirchen ihre jährlichen Bandtreffen mit Fortbildungsmöglichkeiten. Die »Mittelstelle für Werk und
Feier« lädt darüber hinaus alle zwei Jahre DDR-weit zu einer
Ökumenischen Seminarwoche zur neuen Jugendmusik ein.

Die verschiedenen Kirchentage sind in der DDR ein sehr
wichtiges Forum für die Jugendmusikarbeit. Dagegen gibt es

eigene Festivals erst seit etwa 1983, z.B. im Kirchenkreis Borna bei Leipzig, im Raum Karl-Marx-Stadt seit 1987. Auch katholische Bands treffen sich bei Festivals, z.B. Pfingsten 1989 in Berlin. Seit 1987 kommen auch westliche Künstler regelmäßig in die DDR. Die Publikation von Tonträgern ist bis Ende der achtziger Jahre hinein in der DDR schwierig, weil die technischen und finanziellen Voraussetzungen meist fehlen und ein Vertriebssystem nicht vorhanden ist.[21]

In der Zeit der Revolution von unten, also vor allem im Jahr 1989, haben manche christliche Musiker an aktuellen Friedensgebeten etc. mitgewirkt und sich in einer neuen Rolle versucht. »Aufgrund der enormen Umgestaltung, die zur Zeit in unserem Lande stattfindet, wird wohl den Kirchen ihre Monopolstellung in Sachen unbequeme Lieder und Musik genommen werden. Das wird auch für unsere christliche ›Popszene‹ drastische Konsequenzen haben. Ein Um- oder Neubesinnen um Auftrag, Wirkungsrichtung und Ziel der Musik wird wohl vor keiner Band haltmachen.«[22]

Pop vor Ort – Beispiel Bayern

Lieber Peter,

gerne gebe ich Dir einen kleinen Einblick in das Geschehen populärer christlicher Musikarbeit in Bayern.

Nahezu unbemerkt von der Öffentlichkeit hat sich hier in den letzten Jahren eine Art »Underground«-Szene entwickelt. Doch zunächst zu ihren Ursprüngen:

Etwa bis 1970 gab es moderne christliche Musik bei Jugendveranstaltungen in Bayern offiziell eigentlich überhaupt nicht. Dennoch haben viele Jugendleiter und Jugendleiterinnen und auch einige Gemeinden mehr oder weniger heimlich mit modernen Musikformen und Bands gearbeitet. Akzeptiert wurde – vor allem bei missionarischen Veranstaltungen – bis dahin lediglich der Posaunenchor (»aber bitte nicht zu rhythmisch«) neben Orgel und Harmonium. Manchen Pionieren in Sachen moderner christlicher Musik ist es jedoch durch ihren Einfluß und ihre Stellung bei der älteren Generation gelungen, den Jugendlichen einen Freiraum für eigene musikalische Experimente zu schaffen.

Es gab erste und oft sehr zaghafte Versuche mit neueren Liedern und neuen Instrumenten. So wagte es beispielsweise der bayerische CVJM, 1968 zu seinem jährlichen Landestreffen nach Weißenburg eine Band aus dem CVJM Bad Windsheim einzuladen. Das verursachte einen doppelten Aufruhr: Die Jugendlichen waren begeistert, und nicht wenige beschlossen, zu Hause nun auch eine Band zu gründen; unter den Erwachsenen jedoch wurde erbittert die Frage diskutiert, ob die Verkündigung des Evangeliums mit dieser Art von Musik noch möglich sei. Dennoch ist gerade aus diesen Anfängen die Band »Elops« entstanden, die dann wiederum viele andere Gruppen geprägt hat.

Spätestens aber mit dem wiederholten Auftreten der »Christusträger«-Band in Bayern änderte sich die Situation. Hier wurde vielen deutlich, daß Jesus-Nachfolge und Begeisterung für Pop- und Rockmusik keine Gegensätze sein müssen. Überall im Land entstanden nun Bands und Singgruppen, die immer öfter die Wander- mit der E-Gitarre vertauschten. Die Hefte mit den Liedern der Preisausschreiben aus Tutzing brachten viele neue Lieder in die Gruppen und Gemeinden. Daneben wurden Loseblattsammlungen verwendet, manchmal sogar mit handschriftlich abgeschriebenen Texten. Durch den Eingang dieser Lieder in die Gruppen und Kreise vor Ort erhielt die christliche Pop- und Rockmusik eine enorme Breitenwirkung. Und schon bald gehörte zu den Standardüberlegungen bei der Vorbereitung von Jugendveranstaltungen die Frage: ». . . und welche Band laden wir ein?«

Heute ist zu beobachten, daß sich die Anfänge dieser Musikarbeit zunehmend konsolidieren. Viele ehemalige Bandmitglieder sind inzwischen Pfarrer, Diakone oder Jugendleiter in der Kirche. Sie gehen gewohnter und oft natürlicher mit dem Medium der Pop- und Rockmusik um.

Gleichzeitig zeigt sich ein wachsendes Interesse der Gruppen und Solisten füreinander. Das Bedürfnis nach Erfahrungsaustausch und Kommunikation führte 1984 zu einer ersten bayerischen Bandfreizeit, an der über 130 Musikerinnen und Musiker teilnahmen. Aus diesen Anfängen bildete sich 1986 die »Arbeitsgemeinschaft Musik in der Evangelischen Jugend in Bayern« (AGMB). Sie veranstaltet nun jährliche Kontakt- und Weiterbildungsmöglichkeiten für Bands, Chöre und Liedermacher und versteht sich als ein »Zusammenschluß aus christlichen Musikern (Bands, Liedermachern etc.) und Musikinteressierten verschiedener Konfessionen, die ihre Gaben in der Jugendevangelisation und in der missionarischen Jugendarbeit einsetzen wollen«[1].

Lieber Peter, Du hast mich nach dem Leben einer »ganz normalen nichtkommerziellen Band vor Ort gefragt, nach ihren Problemen und Schwierigkeiten, aber auch nach ihrer Motivation. Ich möchte Dir eine solche Band beispielhaft für viele vorstellen:

Die »Followers« (engl.: Nachfolger) aus Schwarzenbach a. Wald wurden schon 1969 in Folge einer Jugendwoche der »Christusträger« gegründet. Ein Jugendleiter war von der Möglichkeit, mit Beatmusik die Botschaft Jesu weitersagen zu können, so begeistert, daß er junge Männer um sich scharte und eine Band gründete. Bald übernahm ein Mitmusiker die Leitung der Gruppe. Die Besetzung orientierte sich als Quartett an den Beatles. Sie spielten zunächst nur Instrumentalstücke nach – oft von den »Shadows«. Einer ihrer ersten Songs, den sie dann sogar bei der Weihnachtsfeier vortrugen, hieß »Elternschreck«! (So soll er auch geklungen haben...) Als Verstärker mußten anfangs alte Röhrenradios herhalten, wie überhaupt die technische Ausrüstung sehr dürftig war. Dafür war der Idealismus um so größer.

In der Zwischenzeit hat die Gruppe »Followers« viele Gesichter gesehen. Als sie Mitte 1989 ihr 20jähriges Bestehen feierte, kamen fast 40 ehemalige Bandmitglieder auf die Bühne. Das Selbstverständnis der Gruppe hat sich jedoch über die Zeit hinweg nicht verändert. Fest eingebunden in den örtlichen CVJM wollen sie noch immer »Nachfolger« ihres Herrn sein, wollen mit moderner Musik von ihrem Glauben und ihrer Beziehung zu Jesus reden. Diese Einstellung ist typisch für viele, vor allem fränkische Bands. Die Musik ist für sie das »Transportmittel« ihres Anliegens.

Du fragst Dich vielleicht, bei welcher Art von Veranstaltung die »Followers« spielen. Ihr Auftrittsradius beschränkt sich weitgehend auf das nordöstliche Oberfranken, also auf ihre nähere Heimat im Radius von etwa 100 km. Sie spielen bei Gottesdiensten und Jugendwochen, in Schulen und im Gefängnis. Sie machen für sich keine Eigenwerbung, sondern warten gewissermaßen auf Anfragen und Einladungen durch Veranstalter. Sie sehen darin eine Führung Gottes, der die Art ihres Dienstes bestimmen soll. Gleichzeitig schaffen sie sich damit aber eine schier unlösbare Zwickmühle. Eine gottesdienstliche Band und eine Rock-Band in der Disco sind eben zwei Paar Stiefel. Mich verwundert es nicht, daß ihre eigene Tendenz mit zunehmender musikalischer Güte auch immer mehr zu eigenen Konzerten geht. Dazu haben sie – wie viele ihrer musikalischen »Artgenossen« – natürlich eine Kassette produziert, die sie nach ihren Auftritten verkaufen. Sie wollen damit aber nicht berühmt werden, sondern betrachten dies als eine Weiterführung ihrer Verkündigungsarbeit.

Im Laufe der Jahre haben die »Followers« gelernt, mit den unterschiedlichsten Erwartungen, die an sie als Band gerichtet werden, umzugehen. Mal sollen sie einfach nur Musik machen, »damit im Gemeindehaus wieder 'was los ist«, ein andermal sollen sie fundierte Verkündigung neben packenden Liedern leisten. Hier zeigt sich ganz deutlich die oft unterschwellig vorhandene Meinung, christliche Bands müßten allen Situationen gerecht werden, schließlich sei es ja auch immer das gleiche Evangelium – ein Anspruch, der an der Realität vorbeigeht und die Musikgruppen überfordert.

Der Satz »Über Geld spricht man nicht...« müßte bei den »Followers«, wie anderswo, weitergehen mit »...man hat sowieso keines!« Immer wieder klingen in den Gesprächen Erlebnisse und Erfahrungen an, die eine völlige Fehleinschätzung kirchlicher Veranstalter über die realen Kosten der Bandarbeit deutlich werden lassen. So sehen sich die Gruppen nur zu oft gezwungen, erklären zu müssen, warum sie für ihren Auftritt einen Kostenersatz verlangen. Viel zu schnell entsteht der Verdacht, sie wollten etwas verdienen. Dabei sind oft nicht einmal die echten Unkosten gedeckt.

Dennoch ist der Idealismus der Bandmitglieder ungetrübt. Vielleicht auch, weil sie nach Auftritten immer wieder die Erfahrung machen dürfen, daß ihre Botschaft ankommt. Mit manchem Zuhörer sind sie dann über Jahre in brieflichem und persönlichem Gespräch.

Zum Schluß möchte ich Dir noch eine interessante Beobachtung weitergeben, die ich seit dem Christival 1988 in Nürnberg mache: Mir fällt auf, daß die Nachfrage nach Bands im christlichen Bereich immer mehr zurückgeht. Zum einen liegt es daran, daß kleiner werdende Veranstaltungen auch kleinere, und damit flexiblere Musikgruppen benötigen. Hier liegt die Chance von Liedermachern, Duos und kleinen Combos. Zum anderen entstehen auch immer mehr Musicals und multimediale Projekte, die dann mit Tanz, Pantomime, Theater und Musik arbeiten. Ich kann mir vorstellen, daß sich dieser Trend in den nächsten Jahren verstärken wird. Vielleicht werden dadurch manche Bands aus der Isoliertheit des rein musikalischen Engagements herausgeführt und in einen größeren Zusammenhang künstlerischer und kreativer Möglichkeiten der Verkündigung gebracht.

Herzlich
Dein
Friedrich Rößner

Am Anfang war das Wort –
Ein Texter berichtet aus der Praxis

Lieber Peter!

»Am Anfang war das Wort« – das klingt in meinen Ohren gewichtig und feierlich, nach Theologie und Literatur. Wer bei der Erstveröffentlichung dieser Worte zu Beginn des Johannesevangeliums nachschlägt, wird finden, daß damit ein gewaltiger Prolog eingeleitet wird. Es ist für mich wichtig, daß ich so »große« Texte von zeitüberdauernder, bleibender Bedeutung nicht entwickeln kann. Das heißt nicht, ich würde damit den Anspruch an die eigene Arbeit senken. Vielmehr will ich in eigener, kritischer Selbstbeobachtung eigene Grenzen erkennen und anerkennen.

Wie sieht es in meiner Wortwerkstatt aus, in die alles Rohmaterial von Gedanken und Anstößen hereinfindet oder hereingebracht wird? Manchmal lagert es lange, manchmal wird es überhaupt nicht aufgegriffen. Anderes wird sofort geformt, daran gezimmert und gefeilt; das dauert bis zum Ergebnis dann meistens immer noch recht lange.

Die Texte, die ich erarbeite, sind dazu bestimmt, musikalisch im Spektrum des neuen geistlichen Liedes einerseits und in den musikalischen Möglichkeiten des Sacropops andererseits vertont zu werden. Darüber hinaus habe ich Zielgruppen von Menschen, etwa nach Alter oder in bestimmten Lebenssituationen, nicht im Auge.

Welche Gesichtspunkte sind mir in der Textwerkstatt wichtig? Ich will sie auf vier Schlagwortpaare zusammenziehen:
– Idee und Interesse
– Identität und Inhalt
– Metrum und Musik
– Methoden und Marginalien

Idee und Interesse

Ideen erreichen mich gleichermaßen als Anregungen von außen wie auch als innere Anfrage, Praktische Bedürfnisse regen ebenso an wie grundsätzliche Glaubens- und Lebensfragen. Interesse entsteht bei mir an aktuellen Ereignissen, oft aber auch an dem Wunsch, im Einzelfall verbreiteten Gemeindeglauben zu formulieren, wenn möglich zeitgemäß.

Während dies geschrieben wird, ereignen sich in Ost- und Mitteleuropa ungeheure Umwälzungen hin zu Demokratie und Pluralität, zur gesellschaftlichen Aufwertung der Kirche. Ganz praktisch folgt daraus, daß Grenzen fast gegenstandslos werden und Menschen zusammenkommen können – einander bekannte ebenso wie einander unbekannte. Ich frage: Hat das etwas mit Gott zu tun, mit dem in der Jesustradition formulierten Gedanken, Liebe in tausend Spielformen solle das bestimmende Beziehungsprinzip zwischen Menschen werden? Erfüllt sich hier etwas von der verbindenden Qualität der in alttestamentlicher Prophetie erwarteten Völkergemeinschaft oder der in neutestamentlicher Perspektive erwarteten Ökumene der Liebe? Weil ich weiß, welches Interesse mit mir viele am Wandlungsprozeß haben und wie sich – verbindend und einend – in Plakat- und Spruchbandaufschriften gemeinsame Empfindungen, Hoffnungen, Forderungen und Urteile ausdrücken, möchte ich für diejenigen, die unter Einbeziehung christlicher Welt- und Geschichtssicht sich äußern und am Gespräch beteiligen wollen, Sprache und Form für ein Lied finden.

Ich sammle und sortiere: »Wir sind das Volk« – ein Spitzensatz. Darf ein Lied mit Gedanken an das alte und neue Volk Gottes, vielleicht an das Zukunftsvolk der Schwestern und Brüder, die Spruchbandparole als Liedvehikel benutzen? – Ich variiere und sortiere um eine weitere Idee herum: »Hinüber, herüber – zu Dir und zu Mir, zu Euch und zu Uns und zu Anderen«.

Idee und Interesse sind konkret geworden, ich lasse sie stehen.

Identität und Inhalt

Eine klare Identität mit dem Thema und eine relative Identität mit dem dazu erarbeiteten Text ist notwendig, um ihn zur musikalischen Bearbeitung weiterzugeben. Klare Identität deshalb, weil anders Glaubwürdigkeit und Mitvollziehbarkeit auf dem Spiel stehen. Relative Identität mit dem erarbeiteten Text deshalb, weil seiner Konkretion gestalterische Grenzen gesetzt sind, z.B. die Problematik des Reimens, Erfordernisse des Umfangs und die Durchsichtigkeit in der Konsequenz des Gedankenfortschritts. – Theologische Maßstäbe geben mir die biblischen Texte in Psalmen, Lob- und Bekenntnisliedern wie auch in Prosateilen vor. Dies ist wichtig im Hinblick auf die biblische Anthropologie, die den Menschen als Geschöpf Gottes, als ein mit Verantwortung, Begrenzung und Gnade, deshalb auch mit großen Möglichkeiten ausgestattetes Wesen beschreibt. Von der poetischen Spannung dieser Texte habe ich den Eindruck, daß sie gleichsam mit beiden Beinen auf der Erde stehen, mit ihren Rufen und Liedern jedoch bis an den Himmel reichen.

Ich entwickle weiter, was als Idee und Interesse stehengeblieben ist. Ich erwarte mir Aufschlüsse, wenn ich meine biographische und meine ebenso aktuell- wie grundsätzlich-inhaltliche Identität mit dem Themenfeld in biblischen Geschichten, Bildern und Symbolen in Beziehung setze. Wo wird in diesen Geschichten – vergleichbar mit der Erfahrung der Deutschen in der Gegenwart – das »Zusammengelassen-Werden« und das »Zusammenkommen-Dürfen« anschaulich? Dort vielleicht, wo und als Jakob und Esau nach Trennungsgeschichte und Schuldgeschichte einander in den Armen liegen können. Dort vielleicht, wo und als der verlorene Sohn vom Vater empfangen wird. Oder dort vielleicht, wo in Korinth unterschiedliche theologisch-kirchliche Gesellschaften in Konkurrenz und mit Ausschließlichkeitsansprüchen existierten. Paulus rief sie dazu auf, innerliche und äußere Separierung aufzugeben und entsprechend dem Modell von Leib und Gliedern zusammenzuwirken. Er will zur Einheit, nicht zur Einheitlichkeit bewegen.

Alle drei Bezugsstellen geben wichtige Hinweise und Deutungen vor, könnten bei unmittelbarer Verwendung aber einseitig oder gar abstrakt wirken. So wird es besser sein, Identität und Inhalt auf andere Weise zum Ausdruck zu bringen. Deshalb lege ich assoziativ eine Sammlung von teils statischen, teils dynamischen Ausdrucksweisen an, die dem Inhalt gerecht werden und durchaus theologisch besetzt sind. Erreichen möchte ich im konkreten Beispiel eine Zusammenschau der Erfahrungen beglückender Veränderungen in einem historisch bedeutenden Moment der Weltgeschichte mit dem christlichen Glauben, der in diesen Ereignissen das Wirken des tätigen Geistes Gottes bekennt:

In die Sammlung gehören: Grenze, Mauer, Gefahr, Bedrohung, Weg, Tür, öffnen, gehen, drängen, überschreiten, umarmen, feiern. Sinne wandeln, Einsicht finden, Schlüssel des Geistes, Protest des Geistes, Danklieder singen, Danktaten tun.

Metrum und Musik

Das Metrum richtet sich stets nach dem Inhalt. Dies ist bereits für das bloße Sprachgebilde wichtig. Vollends entscheidet sich die Qualität eines Liedes auch daran, ob diese Beziehung angemessen verwirklicht ist. Der Textarbeit hilft es, wenn ihr musikalische Vorstellungen zugrunde liegen bzw. sie begleiten.

Klassische Versmaße sind im heutigen Sprachempfinden der Mehrheit nicht mehr bewußt und präsent. Das Verhältnis von Hebungen und Senkungen, ihre Anzahl, ihre Paarigkeit oder Unpaarigkeit und ihre Zeilenzahl sagt dem heutigen Volk aus sich heraus nichts mehr. Andere Signale gehen von Taktangaben aus, wie beispielsweise einer Marschtendenz des Viervierteltaktes oder der Tendenz zum heiteren Schwingen oder Beschwingten des Sechsachteltaktes.

Um die Zusammenarbeit zwischen Dir und mir anzusprechen: Verständlicherweise kommt es immer wieder vor, daß musikalische Vorstellungen des Komponisten mit den Vorüberlegungen nach Metrum, Stimmung und Charakter im Kopf des Textautors nicht übereinstimmen. Für mich löst sich das Problem immer dadurch, daß der Komponist Vorrang hat; denn durch ihn wird das Gedicht erst zum Lied oder zu einer anderen musikalischen Form.

Für die oben angedachte Liedidee bilden sich bei mir zwei Vorstellungen heraus. Die eine Möglichkeit, um Wandel auszudrücken, könnte mit einem harten, vielleicht stakkatoartigen Metrum beginnen und sich in ein weiches, aufatmendes Metrum verändern. Eine andere Möglichkeit, die das Feiernde, die Hochstimmung zur durchgehenden Grundlinie macht, würde abheben, schwingen und tanzen.

Methoden und Marginalien

Die »Architektur« eines Textes (textum = das Gewebte) gelingt um so besser, als der Autor sich methodisch-diszipliniert verhält. Dies gilt auch für »Marginalien«.

Nach Eingrenzung von Themen und Inhalten und einem gewissen Fortschritt in der Sammlung von statischen und dynamischen Ausdrucksmöglichkeiten und Vorentscheidungen zum Metrum soll die Gesamtanlage des Textes, also Struktur und »Architektur«, konzipiert werden. Dabei sind eine Reihe von Fragen zu beantworten: Soll es ein Solo- oder ein Chorlied werden, soll es ein reines Gemeindelied oder eine Mischform mit Gemeinderefrain werden? (Bei dem hier angedachten Lied neige ich zum letzten, um eine größere Vielfalt zu erreichen). Wie viele Gedankenschritte werden unternommen, wie sollen sie auf Strophen verteilt werden? Aus der Antwort ergibt sich die Anzahl der Strophen. Noch einmal: wie weit wird die Gemeinde aktiv beteiligt? Je mehr sie übernimmt, desto begrenzter sollte die Strophenlänge sein – damit der Atem nicht ausgeht.

Weil der Text vertont werden soll, muß anhand eines aufgezeichneten Betonungs- und Takteinteilungsschemas ständig kontrolliert werden, ob Wort- und Musikakzent übereinstimmen und ob die Silbenanzahl Pausen ermöglicht, dabei aber Pausenlängen erspart. Mit dem gleichen Schema lassen sich Reim-Möglichkeiten und Reim-Notwendigkeiten klar überschauen. Dem Textautor stellen sich dabei häufig heikle Probleme. Nach poetischen Maßstäben sollte es nur »reine« Reime, also silbenklang-gleiche Zeilenschlüsse geben. Auch mir gelingt das nicht so oft, wie ich möchte. In diesen Fällen bemühe ich mich, so klangverwandte Wortendungen wie nur möglich zu finden. – Mit der Verwendung von Bild- und Symbolsprache möchte ich zielgerichtet und inhaltsgerecht, aber auch sparsam umgehen. Allzuviel davon auf dem engen Raum einer Strophe oder eines Liedes mit wenigen Strophen führt zu Konkurrenz und Nivellierung, vielleicht sogar zu Überlagerung und zum Verlust animierender Wirkung.

Als »Marginalien« bezeichne ich mir wichtige Teilaspekte, die weithin als Selbstverständlichkeit angesehen werden, es in der Praxis aber tatsächlich oft nicht sind.

Es kommt sehr darauf an, ob der Satzbau gedrechselt ist oder natürlich, ob die Rechtschreibung Mängel aufweist oder nicht, ob grammatikalische Grundregeln zutreffend angewendet werden oder nicht. Wie viele Liedtexte mit hohem inhaltlichen Anspruch machen sich lächerlich, weil diese »marginalen« Gesichtspunkte zuwenig Aufmerksamkeit gefunden haben.

Wichtig ist mir weiter, daß die von mir verwendete Sprache derjenigen entspricht, die in gegenwärtiger Zeit von den Menschen gesprochen wird. Dies hat nichts mit Mode zu tun – modische Wendungen sind eher zu meiden! Vielmehr sollen Leser und Sänger ohne vordergründiges »Stolpern« über antiquierte Begriffe oder Wendungen mitvollziehen können, was gemeint ist oder zum Ausdruck gebracht werden soll.

Sozusagen als ständiges »Übungsstück« kann die Erarbeitung reimloser Gedichte helfen, das Gespür und das Handwerk zu verbessern. Auch solche Gedichte sollen den vorgenannten Leitgedanken entsprechen. Ich schätze sie höher ein als gereimte, weil sie differenzierter sein und unterschiedliche sprachliche Spielarten aufnehmen können.

Nun möchte ich mit dem Liedentwurf beginnen.

Herzlich grüßt Dich
Dein
Wolfgang Töllner

Es werde Klang –
Wege und Mittel der Vertonung

Viele Romantiker des 19. Jahrhunderts und manche New Age-Töner der Gegenwart beschreiben den Akt des Komponierens als magisches »Channeling«, als Kontaktaufnahme mit höheren Sphären. Dem sensiblen Künstler erschließt sich in der Meditation die musikalische Offenbarung, die er nur noch flugs aufs Papier bringen muß, um das neue Opus anschließend dem ehrfürchtig staunenden Publikum zu präsentieren.

Wie so oft, ist auch daran etwas Wahres: Für ein gelungenes Werk braucht man und frau im Bereich der Pop- und Rockmusik einen Schuß Inspiration neben den verbleibenden 99 Prozent Handwerk. Dieses eine Prozent Be-Geisterung ist sozusagen im Besitz einer »Sperrminorität«. Es geht letztlich nicht ohne, und doch kann ich es nicht herbeizwingen. Das ist vergleichbar mit der Predigtvorbereitung: Ohne die Mithilfe des Heiligen Geistes bleibt die menschliche Technik bei sich selbst, und das Wort des Predigers oder der Predigerin verwandelt sich nicht in das Wort Gottes. (Überhaupt ist die Parallele zwischen Komponieren und Predigtmachen frappierend.[1])

Offenheit für das Wirken des Heiligen Geistes ist demnach eine wichtige Voraussetzung für gelungene Kompositionsarbeit. Ebenso ist es wichtig, ein hörender Mensch zu sein, der die akustische Umwelt bewußt wahrnimmt, um aus ihr Anregungen zu erhalten. Zum Handwerk gehören einige Utensilien. Nur Genies werden ein neues Stück vollständig im Kopf entwerfen können, um es dann erst niederzuschreiben. Als Normalsterblicher benötige ich ein Blatt Notenpapier und einen Bleistift, in der Regel auch ein Klavier, um meine Ideen auszuprobieren und dann sofort zu Papier zu bringen. Wer improvisierend komponiert und sich dabei strikt an einen mitlaufenden Taktgeber hält, kann heute seine Kreationen über einen Synthesizer in ein Sequenzerprogramm eines Personal-Computers einspielen und sie dann sofort über ein Notationsprogramm als Partitur ausdrucken lassen. Bei dieser Improvisiertechnik muß der Heilige Geist jedoch schon etwas mehr als ein Prozent der Arbeit übernehmen, damit dabei ein gutes Arrangement herauskommt.

Vielfach entsteht die Musik der Bands in Gemeinschaftsarbeit der Gruppenmitglieder während der Probe. Ich erinnere mich noch genau an nervenaufreibende Machtkämpfe in unserer früheren Rockgruppe um Gitarrensoli, Keyboardsounds und Harmoniefolgen . . . Natürlich gab es auch Sternstunden: Dem Pianisten fielen ein paar schöne Akkorde ein, der Sänger fand spontan die passende Melodie (zu irgendeinem frei erfundenen Nonsens-Text), Baß und Schlagzeug trafen gleich die richtige Stimmung. Später wird der dreistimmige Vokalsatz ausgefeilt, das leidige Gitarrensolo untergebracht (Sie haben's erraten: Hier spricht der Keyboarder), und eine Woche später hat unser Sänger sogar noch eine halbwegs sinnvolle Story auf die Melodie zusammengereimt – fertig ist der neue Song.

Sollten in Ihrer (Eurer) Band solche Sternstunden hartnäckig ausbleiben und es auch sonst mit dem Arrangieren nicht so recht klappen, dann könnte es vielleicht weiterhelfen, zunächst auf fertige Arrangements zurückzugreifen (für den Sacropop-Bereich z.B. auf die im Strube Verlag erschienenen Bandhefte).

Vor allem im professionellen Bereich hat sich die Teamarbeit in getrennten Arbeitsgängen durchgesetzt. Der Texter bespricht die Rahmenvorstellungen für eine Textvorlage mit dem Komponisten (bzw. mit dem Produzenten), entwirft dann seinen Text und gibt ihn weiter. Der Komponist brütet über diesem Text, murmelt ihn – ähnlich wie der Gesetzestreue in Psalm 1 – Tag und Nacht vor sich hin (z. B. bei der Gartenarbeit – wie Peter Janssens berichtet) oder malt ihn in der jeweiligen Lieblingsfarbe auf unschuldiges Papier, bis dem armen Musikus (meist auf einer unpassenden Lokalität) endlich eine geeignete Melodie durchs Hirn zuckt, die dann ihre Bewährungsprobe auf dem Klavier oder zur Gitarre bestehen muß, um meist sofort wieder unter der Rubrik »völliger Schrott« dem Vergessen anheimzufallen . . .

In der Regel entstehen gleichzeitig zur Melodie bereits die grundlegenden Harmonievorstellungen, beides zusammen wird notiert, fünf- bis zehnmal überarbeitet und schließlich dem Arrangeur (oft ist er identisch mit dem Komponisten) auf den Schreibtisch oder das Notenpult gelegt. Der vergewissert sich nochmals beim Produzenten, ob im Moment eher funkiger L.A.-Pop oder deutscher Kraut-Rock angesagt ist, setzt sich dann mit seinen japanischen Hilfsarbeitern zusammen (sprich: Sampler, Synthesizer, Computer . . .) und entwirft eine Partitur. Zuerst muß natürlich die Gattung und Form abgeklärt werden. Man kann aus ein und derselben Melodie einen seichten Schlager, ein ansprechendes Chanson, einen peppigen Mainstream-Pop, einen Folk-Protestsong etc. machen. Neben einfachen Liedformen entstehen immer wieder Großformen wie Musicals und Oratorien, die ein durchdachtes musikalisches Konzept verlangen und bisweilen im langen Schatten der hohen Kunst Zuflucht vor den Niederungen der industriellen Popfabrikation suchen. Aber auch für diese ehrgeizigen Projekte gilt, wie für die Pop- und Rockmusik allgemein, daß ihre musikalische Substanz aus dem Second Hand-Shop stammt: Vom Schlagzeug-Rhythmus wird in der Regel gar keine Originalität erwartet; die nackten Melodien ohne Arrangement klingen oft harmlos wie erweckliche Lieder der Heilsarmee; und die Harmonien orientieren sich meist an einfachen Grundschemata (z.B. dem

Blues-Schema) oder an Kadenzformeln der klassischen Harmonielehre[2]. Innovative musikalische Originalität ist also nicht gerade das Markenzeichen christlicher Popularmusik. Gelegentlich werden vergangene Stilepochen der Musikgeschichte »verwertet« (sozusagen musikalisches »Recycling«). Seit einiger Zeit sind Pop-Bearbeitungen bzw. das Zitieren von alten Chorälen angesagt, ein Verfahren, das viel Feingefühl für die Eigenart der Choralmelodien erfordert und nicht immer nur auf Gegenliebe stößt.[3] Der vierstimmig-homophone Chorsatz nach den Regeln der klassischen Harmonielehre wird vor allem von Sacropop-Gruppen wie den Studiogruppen Baltruweit und Zebaoth, Habakuk, Jericho u.a. weiter gepflegt. Hans-Jürgen Hufeisen entlockt seinen Flöten gleichermaßen barocke wie poppige Töne.

In den Großformen, also den Pop-Oratorien und Musicals, können unterschiedliche Stilrichtungen nebeneinander auftauchen. Zitate aus der romantischen Chormusik finden sich im »Rockrequiem« von Guntram Pauli und Christian Kabitz. Unterschiedlichste Kompositionstechniken, vom bitonalen Chorsatz über eine gregorianische Antiphon, Chansons, Gemeindekanones bis zur Rocknummer stehen z.B. in dem Pop-Oratorium »Thomas der Zweifler« (Töllner/Bubmann) in versöhnter Verschiedenheit nebeneinander.

Um das nötige kompositorische Grundwissen zu erwerben, gibt es Förderungsmöglichkeiten kirchlicher Einrichtungen und einschlägige Literatur (s. Anhang). Einige säkulare Musikausbildungsstätten bieten spezifische Popmusiklehrgänge an, die edelste Variante ist das Kontaktstudium Popularmusik an der Hochschule für Musik und darstellende Kunst Hamburg.

Für die Kollegen des kommerziellen Gospelrocks folgt, nachdem das Arrangement steht, die Tonaufnahme im Studio, damit fristgerecht zur Tournee die neue CD/LP/MC erscheinen kann. Dazu ist in der Regel ein Produzent nötig, der einen

Verlag oder eine Schallplattenfirma im Rücken hat (und natürlich viel Geld). Das Jet-Set der deutschen Szene (sprich Dieter Falk & Co) fliegt dabei schon einmal schnell über den großen Teich, um einen Teil der Bänder in Los Angeles einspielen oder abmischen zu lassen.

Doch zurück zu den (in technischer Hinsicht) bescheideneren Verhältnissen der Liedermacher und Komponisten neuer geistlicher Lieder. Der Anspruch ist hier in anderer Hinsicht mindestens genauso hoch: Ein gelungenes Wort-Ton-Verhältnis, gute Mitsingbarkeit, eine Melodie, die sich nicht nur auf den ausgelatschten Pfaden des allseits Bekannten bewegt und doch populär ist, und eine Gitarren-Begleitung, die in aller Schlichtheit genau die Stimmung des Liedes trifft – das sind Anforderungen, die sich in der Praxis nur schwer gleichzeitig erfüllen lassen.

Karl Christian Thust hat auf 60 Seiten seiner umfassenden Studie über »Das Kirchenlied der Gegenwart« Wertmaßstäbe für die Gestaltung neuer Lieder aufgestellt, die zu einem Großteil auch für Liedermacher zutreffen.[4] Er unterscheidet drei übergeordnete Normen, nämlich theologische Kriterien (Schriftgemäßheit und Aktualität, also Gegenwartsbezug), qualitative Erfordernisse (handwerkliche Sauberkeit, inhaltliche und formale Korrektheit und möglichst künstlerische Gestalt) und den Gebrauchswert (Überzeugungskraft, Vitalität und Gefühlsintensität, Konkretion, Verständlichkeit, Einfachheit und Kürze).

Jeder Praktiker weiß, daß die letzten beiden Hauptnormen, Qualität und Gebrauchswert, nicht selten miteinander im Clinch liegen. Das Lied soll ja ankommen, das heißt, es muß leicht faßlich sein und soll doch möglichst nicht nach der x-ten Version von »Herr, deine Lieder sind wie Schmalz und Honig« klingen. (Das Original »Herr, deine Liebe ist wie Gras und Ufer« zählt übrigens immer noch zu den beliebtesten neuen geistlichen Liedern; diese Art von Fast-Food-Ästhetik und -Theologie ist nicht wegzupädagogisieren.)

Um nicht falsch verstanden zu werden: Ich plädiere hier keinesfalls für die akademisch-archaischen Gesangbuchleichen à la EKG 13 oder 162. Die allgegenwärtige Popästhetik wird heute kein Melodienschreiber mehr einfach übergehen dürfen. Aber im Abkupfern gängiger Schlager- oder Folksongfloskeln darf sich das Engagement christlicher Liederkomponisten eben auch nicht erschöpfen.

Von der Popästhetik bestimmt und gleichzeitig originell wie handwerklich gelungen sind meines Erachtens einige Melodien von Holger Clausen (»So viele warten im Land«), Christoph Lehmann (»Ich lobe meinen Gott«, »Eines Tages wird die Erde«) sowie von Nis-Edwin List Petersen (»Ein Lied hat die Freude sich ausgedacht«), Johannes Nitsch (»Wie ein Fest nach langer Trauer«) und Fritz Baltruweit (»Ich träume eine Kirche«).[5] Schade, daß ein so expressives und angemessen vertontes Lied wie »Ich gehöre dazu« von Kurt Rose (Text) und Herbert Beuerle (Melodie)[6] so wenig Chancen auf größere Beachtung hat, nur weil es sich zunächst den popgewohnten Ohren durch seine ungewöhnliche Melodieführung widersetzt. Hier fordert die allgegenwärtige Konsummusik ihren Tribut, indem sie die Hörer für prophetische Töne taub werden läßt. Diese Situation erfordert von Autoren neuer geistlicher Lieder wie von Arrangeuren, die sich nicht mit Haut und Haaren den ästhetischen Spielregeln der Popkultur ausliefern wollen, einen doppelten Mut: den Mut zu Stille, Meditation und Offenheit für das Wirken des Heiligen Geistes in einer Zeit, in der die ständige Berieselung durch Alltagsmusik und der Produktionsaktivismus die Kreativität abtöten, und den Mut zum musikalischen Experiment und zu (klein-)künstlerischem Anspruch, um so den eigenen, persönlichen Weg durch das Dickicht der vorgestanzten popmusikalischen Formelsprache zu finden.

In aller Freiheit –
Eine theologische
Standortbestimmung

»Theologie der Musik«[1] – schon immer hatte mich etwas an diesem Titel des Standardwerkes von Oskar Söhngen irritiert. Eines Tages fand ich den Grund, als ich den ersten Begriff wörtlich übersetzte: »Rede von Gott der Musik«. Was soll das heißen? Daß Gott selbst Musik oder Klang ist (Romantik und New Age lassen grüßen) oder daß es um Gottes Wort über die Musik geht (z.B. als Ansammlung von Bibelzitaten)? Söhngen dachte an eine lehrhaft-theologische, also dogmatische Grundlegung der Musik, denn er war der Meinung, daß »die letzte und tiefste Begründung der Musik von der Theologie gegeben werden müßte«[2]. Er fragt allerdings sofort selbst: »Aber ist die Theologie wirklich in der Lage, etwas Verbindliches über die Musik auszusagen?«

Die Frage ist berechtigt. Dem letzten Grund der Musik sind nämlich auch einige Kollegen aus den Profanwissenschaften auf der Spur, wie z.B. der von der Verhaltensforschung ausgehende Musikwissenschaftler Wolfgang Suppan in seinem Werk »Der musizierende Mensch – Eine Anthropologie der Musik« (»Anthropologie« ist die Lehre vom Menschen)[3]. Er versteht Musik als biologisch angelegte und kulturell geformte Kommunikationsmöglichkeit und als Gebrauchsgegenstand des Menschen. Musik sei eine in den unbewußten Urbedürfnissen des Menschen wurzelnde Sprache der Sinne, also ein auf physischer wie psychischer Ebene funktionierendes Zeichensystem.

Suppans Buch weist uns auf den Ort, an dem die Musik meines Erachtens auch innerhalb des Fachbereichs der Theologie behandelt werden sollte: in der Lehre vom Menschen. Denn unter »Musik« verstehe ich die von Menschen geschaffenen tönenden Formen (in Abgrenzung zu natureigenen Klängen und Geräuschen). Es ist irreführend, wenn in New Age-Kreisen der Musikbegriff als schwammige Chiffre zur Bezeichnung des ganzen Kosmos mißbraucht wird oder wenn manche Biblizisten alle Musik von der himmlischen Engelsmusik her definieren wollen.[4]

Auf eine detaillierte Auseinandersetzung mit dem breiten Spektrum an fachtheologischen Äußerungen zur Musik muß ich hier verzichten.[5] Statt dessen stelle ich nur skizzenhaft einige mir wichtige Grundthesen zur Diskussion, die die Stellung der Musik innerhalb einer christlichen Lehre vom Menschen verdeutlichen wollen. (Anregungen verdanke ich meinen Lehrern Rudolf Bohren, Wolfgang Huber und Albrecht Peters[6]).

»Der Gegensatz von Gottesnähe und Gottesferne des Menschen bestimmt alles religiöse Leben.«[7] Es geht dabei um die Fragen: Welche Instanz entscheidet über mein Leben, was geht mich unbedingt an, woran hängt mein Herz? Ist der Geist Gottes Zentrum meiner Existenz oder mein eigener Durchsetzungswille, der sich zum Mittelpunkt der Welt aufschwingt? Wie sieht ein sinnvoller Gebrauch der mir geschenkten Freiheit aus?

Im folgenden will ich erläutern, was es für das Verhältnis zur Musik bedeutet, wenn Christus uns durch die Botschaft von Tod und Auferstehung auf einen neuen Weg bringt, wenn er damit unserer Freiheit ein deutliches Ziel vor Augen stellt und uns durch seinen Geist die Kraft gibt, auf dieses Ziel hinzuleben. Die durch Gott verliehene (a) und im Glauben an Jesus Christus inhaltlich bestimmte (b) Freiheit läßt sich in vier Hauptdimensionen näher beschreiben:

1a – Der Mensch ist ein *homo faber et oeconomicus*, das heißt, er arbeitet und wirtschaftet. Er kann Werkzeuge bauen, sie als Mittel zum Zweck einsetzen. Aufrecht gehend beugt er große Teile der Schöpfung unter sein Joch und macht sie sich dienstbar. Er verwendet Teile seiner Umwelt als Material seiner Lebensgestaltung. Dabei erkennt er die Nützlichkeit von Klängen, Stimmen, Geräuschen und setzt sie instrumentell ein: als Signale, zu Beschwörung und Gruppen-Ritual. So entsteht *Funktionalmusik*, Musik als Mittel zum Zweck, zur Erzeugung bestimmter Stimmungen, als Erkennungszeichen einer Gruppe usw. (heute in der Werbung, im Film etc.).

1b – Juden wie Christen sehen im Schöpfer-Gott den Grund ihres Lebens. Weil wir wissen, daß wir unsere Freiheit ihm verdanken, gehört der Dank an Gott wesentlich mit zur Existenz der Glaubenden. In der Liturgie, in Wortverkündigung, Gebet und Eucharistie können wir den liebenden Willen Gottes erfahren, antworten wir dankbar-lobend für bereits verwirklichte Befreiung und klagen die noch ausstehende ein. Musik als dem Menschen von Gott geschenkte Begabung darf dabei »funktional« als Sprache des Gebetes und der Verkündigung eingesetzt werden. So entsteht *liturgische Gebrauchsmusik*.

Verbindet sie sich mit dem Wort Gottes, mit seinem Geist, dann kann sie auch selbst zum Offenbarungsmittel werden und gewinnt gleichsam sakramentale Bedeutung. Musik ist somit im besten Sinne *Werkzeug der Kommunikation* zwischen Gott und Mensch.

2a – Es drängt den Menschen nach Gemeinschaft, er ist ein *animal sociale*. Partnerschaft, Ehe, Familie, Freundschaften, Rechts- und Staatsordnung sind Formen der Beziehungskultur, die aus der Ursehnsucht nach dem Du, aber auch aus dem Wunsch nach Abgrenzung vom anderen erwachsen. Wie die eigene Identität auf der einen Seite durch den sozialen Austausch mit der Gesellschaft geprägt wird, so wird sie andererseits im Inneren geformt durch die bewußte Verbindung der eigenen Persönlichkeitsschichten Leib, Psyche und Intellekt zu einem einheitlichen Ganzen. Zu beidem, Gemeinschaft wie innerer Einheit, kann Musizieren oder Musikhören beitragen. So entsteht *soziale und »psychosomatische«*[8] *Musik:* Klänge und Rhythmen für Leib und Seele, tröstende Harmonie fürs Gemüt, Musik zur Unterhaltung, Entspannung oder Geselligkeit, Tafel-, Tanz- und Festmusik, durch die Gemeinschaft wächst und stabilisiert wird.

2b – Gott will, daß ich andere an dem mir geschenkten Leben teilhaben lasse. Unsere Freiheit »verwirklicht sich darin, daß der eine den andern als Bereicherung seiner selbst und als Aufgabe des eigenen Lebens erfährt«, weshalb sie »kommunikative Freiheit«[9] genannt werden kann. Im gemeinsamen Musizieren und Hören von Musik, auch durch populäre christliche Musikformen, entwickeln sich emotionale Gemeinschaft und ein fruchtbarer Austausch von Begabungen. Musik kann darüber hinaus das Engagement für ferne und nächste Mitmenschen unterstützen, indem sie (verbunden mit entsprechenden Texten) gegen soziale, rassistische oder sexistische Unterdrückung protestiert und die Solidarität mit den Armen stärkt. So entsteht *diakonische Musik.*

Jesus Christus eröffnet neue Möglichkeiten zur Einheit von Leib, Seele und Geist. Gott will, daß unser eigenes, individuelles Leben in allen seinen Schichten und Bereichen als ganzes befreit und geheilt wird. Populäre Musik trägt dazu bei, die eigene Identität zu stabilisieren, Schädigungen zu heilen, Gefühle auszudrücken und Feste der Freude zu feiern. So entsteht *therapeutische Musik.* Schon Martin Luther wies immer wieder auf die friedensstiftende und tröstende Wirkung und die seelsorgerliche Bedeutung der Musik hin.

3a – Der Mensch ist als sprachbegabtes Wesen *homo symbolicus.* Er kann über sich selbst nachdenken, die eigene Endlichkeit und Geschichtlichkeit reflektieren und nach dem Lebenssinn fragen. Mit Worten, Bewegung, Klängen und Bildern schafft er sich Symbole für Sinnhaftes – Lebensentwürfe in der Sprache des Alltags und der Kunst. Von Natur aus hat er dabei die »Lust, sich musikalisch auszudrücken«[10], sich in der emotional-expressiven Tonsprache mitzuteilen. So entsteht *Ausdrucksmusik*, die eine emotionale oder intellektuelle Botschaft einer Gruppe oder einzelner vermitteln will. In den künstlerisch bewußt gestalteten Formen wird Musik zur »*Menschendarstellung*«[11], in Opern, symphonischen Dichtungen, Chansons u.a.

3b – Ist mir meine Freiheit durch Gott geschenkt, so erwartet er von mir Rechenschaft über ihren Gebrauch. In der Fülle der Lebensmöglichkeiten bleibt sie immer orientierungsbedürftig und vom Versagen bedroht. Im Glauben schaue ich das Ziel meiner Freiheit – die allumfassende Gottes- und Menschenliebe, nehme hoffend die Zukunft des Gottesreiches vorweg und lasse mich davon bestimmen. Die Vergegenwärtigung des Reiches Gottes im Jetzt ist eine Form der Prophetie – Zeitansage von Gottes Ewigkeit im Heute. Als eine Art von »Sprache« und als Ausdrucksmittel kann *prophetische Musik* daran teilhaben. Dazu rechne ich geistliche Verkündigungsmusik, auch in ihren populären Formen, und evangelistisch-missionarische Musik, sowie alle expressive Kunst, die die Frage nach dem Lebenssinn radikal bis in die Tiefe des Seins hinein verfolgt und das Transzendente, also Gott, am Horizont erscheinen läßt.

4a – Der Mensch ist ein spielendes Wesen, *homo ludens*. Im Spiel wird die eigene Freiheit aus den Zweckzusammenhängen der Lebenswelt herausgenommen, gibt sich der Regelhaftigkeit des Spieles hin und kann sich dabei neu entfalten und erfahren. Hier spielt die Freiheit mit sich selbst und mit der Freiheit der anderen. Aus dem im besten Sinn »zwecklosen« Musizieren und Improvisieren erwächst die *autonome Kunstmusik* und Ästhetik des 19. und 20. Jahrhunderts: l'art pour l'art, Spiel mit Form und Zeit. »Schönheit«, »Wahrheit« oder »Stimmigkeit der Form« heißen die Regeln dieses Spieles, die nur dem plausibel werden, der sich ihnen ganz unterwirft und nicht von außen her nach Zweck und Sinn fragt.

Für den Philosophen Georg Picht ist Musik »Darstellung der Zeit«, sie bringt die »Einheit der Zeit zur Erscheinung« und ist damit »unmittelbar Darstellung der Wahrheit«[12]. So wird aus dem Spiel der Freiheit plötzlich Offenbarung. Und in der Andersartigkeit des Spiels – herausgehoben aus dem Alltag von Leistung und Lohn – wird das schlechthin andere, die transzendente Wahrheit, entdeckt.

4b – Es gibt Momente im Leben vieler Menschen, in denen sie sich allein oder im Kreis der Gleichgesinnten Gott ganz nahe fühlen, gleichsam innehalten und seine Gegenwart mystisch »genießen«, ohne sie sofort prophetisch weitersagen zu müssen. Das erinnert mich an einen Spruch aus dem Mund der »Weisheit«: »Als er die Fundamente der Erde abmaß, da war ich als geliebtes Kind bei ihm. Ich war seine Freude Tag für Tag und spielte vor ihm allezeit.« (Spr. 8, 30) Es gibt Musik, in der sich solche mystisch-ekstatische Unmittelbarkeit zu Gott verdichtet. In Anlehnung an das Phänomen des Zungenredens in Korinth (1. Kor. 14) möchte ich diese Musik als *Glossolalie* (= Reden in »Zungen«, in unverständlichen Lauten) bezeichnen. Sie bietet Außenstehenden keine deutliche Aussage, wirkt möglicherweise völlig unverständlich oder belanglos-neutral und hat doch für die vom Geist Gottes Ergriffenen höchste Bedeutung, ist sozusagen ein Spiel des Heiligen Geistes, an dem die Geisterfüllten teilnehmen. Karl Barth sah in der Musik W. A. Mozarts solch gottunmittelbares Spiel; ich persönlich denke zunächst an Werke J. S. Bachs, Olivier Messiaens oder Arvo Pärts, aber das ist jeweils Sache biographischer Prägung. Im Jazz hat für viele die Musik des Saxophonisten John Coltrane einen ähnlichen Stellenwert.

Die vier genannten anthropologischen Dimensionen bilden keine säuberlich getrennten Sichtweisen, vielmehr überschneiden sie sich; ein und dieselbe Musik kann von verschiedenen Blickwinkeln aus betrachtet werden. *Prophetie, Therapie* und *Diakonie* gehören mit in die Liturgie, erst recht natürlich in den weiter gefaßten »Gottesdienst« unseres gesamten Alltagslebens (Röm. 12, 1).

In all den genannten Dimensionen steht der Umgang mit Musik in der Spannung von Mißbrauch und dem bestimmungsgemäßen Gebrauch unserer Freiheit:

1. In der industriellen Fließbandproduktion von Funktionalmusik (z.B. Berieselungsmusik in Kaufhäusern) wird das musikalische Material ähnlich wie die Natur hemmungslos ausgebeutet, geformt, vervielfältigt und verbraucht. Solcher Mangel an Ehrfurcht vor dem musikalischen Material ist auch im liturgischen Bereich anzutreffen. Vielleicht kann die Frage nach dem eigenen Verhältnis zur Stille als Test dienen. Wer den schöpferischen Wert der Stille erkennt, geht auch anders mit dem musikalischen Material um – vorsichtiger. Daß in der populären christlichen Musik zwar vieles beklatscht, aber nur selten ehrfürchtig gestaunt wird, gibt mir zu denken.

2. Gesellschaftsmusik kann der Tyrannei dienen, ich denke an die massensuggestive Funktion vieler Schlager und der Marschmusik in diktatorisch regierten Staaten. Aber auch Musik diakonischen Anspruchs, die Unterdrückten helfen will, z.B. der politische Protestsong, kann zur Ideologie verkommen. Das geschieht dann, wenn die Struktur der Musik den Hörer in solch magischer Weise fesselt, daß alle kriti-

schen Prüfungsinstanzen ausgeschaltet werden und statt freier Entscheidungsmöglichkeit nur noch ein totalitäres Einverständnis zwischen Interpret und Publikum herrscht. Ich werde den Verdacht nicht los, daß damit ein Problem von einigen (wenigen) offensiv missionarischen Popgruppen benannt ist. Wer die Befreiung durch Jesus Christus weitersagen will, sollte sich davor hüten, musikalisch-dramatische Strategien einzusetzen, die nur auf suggestive Zustimmung, nicht jedoch auf freie Entscheidung abzielen.

Ähnliches gilt für therapeutische Musik: Sie wird ideologisch, wenn sie als Erlösungsdroge angepriesen wird und so mehr verspricht, als sie halten kann. Automatische Heilung und Heiligung bewirkt auch christlich-therapeutische Musik nicht. Die Bitte um den Heiligen Geist als Beistand bei aller Therapie kann nie durch musikalische Technik ersetzt werden.

3. Ausdrucksmusik kann Lüge sein, sie zeigt dann eine verzerrte Wirklichkeit, falsche Gefühle oder findet nicht die richtige Form zum Inhalt. Solch verlogene Musik ist Kitsch. Im christlichen Bereich trifft man entsprechend auf falsche Prophetie, auf Texte und Musik, deren »Verpackung« mit der Liebesbotschaft des Evangeliums nicht mehr in Übereinstimmung zu bringen ist, weil die Hörer, die Welt oder Gott verachtet bzw. nicht wirklich ernstgenommen werden.

4. Musik als Spiel steht in der Gefahr, mit dem Leben schlechthin verwechselt zu werden. Wer Spiel und Lebensrealität nicht mehr auseinanderhalten kann, überhöht Musik zum einzig legitimen Lebensinhalt, macht sie zur Religion. Auch manche Schwärmer christlicher Musik finden nicht mehr den Weg von der Glossolalie, ihrer mystisch-gotterfüllten Musik, zurück in den Alltag. Oder sie wollen allen Mitmenschen ihre spezifischen spirituellen Erfahrungen mit Musik als Glaubensgesetz aufdrängen.

Die Einordnung der Musik in die christliche Lehre vom Menschen hat zu folgendem Resultat geführt: Musik ist Bestandteil des Lebens in christlicher Freiheit. Christliche Musik ist unter den verschiedenen Aspekten der Freiheit bestimmbar als geistgewirkte Musik in Liturgie, Diakonie, Therapie, Prophetie und Glossolalie. Diese theologische Bestimmung der Musik wird bestätigt durch die häufige Erwähnung geistlicher Musik in der Bibel[13]. Wenn im Neuen Testament fast ausschließlich vom Singen ohne instrumentale Begleitung im Gottesdienst die Rede ist, so ist das erklärbar als Folge der Übernahme der rein wortbezogenen jüdischen Synagogenmusik und der damals notwendigen Abgrenzung gegen kultische Instrumentalmusik heidnischer Religionsformen. Vor allem Martin Luther ist es zu verdanken, daß die Musik wieder in all ihren verschiedenen Spielformen Eingang in die Kirche fand. So gewinnen auch die Stellen des Alten Testamentes, die von kultischer Instrumentalmusik reden, erneut an Aktualität.

Zwischen Kunst, Kitsch und Konsum – Ein Plädoyer für Pluralismus und Kleinkunst

»Auf Jesus, unseren Herrn, gründet sich meine feste Über-
zeugung, daß an sich nichts unrein ist; unrein ist es nur für
den, der es als unrein betrachtet.« (Röm. 14, 14)
Nicht das musikalische Material, bestimmte Stile oder Formen als solche sind für mich als Christ tabu, sondern ein un-
angemessener Umgang mit ihnen. »Daß Christus auch durch
Subkultur, Beat, Rock und Pop wirken kann, ist eine Binsenwahrheit; daß aber nicht jedes musikalische Mittel zu Verkündigung, Lobpreis und Anbetung geeignet und empfehlenswert ist, dürfte eine ebensolche Binsenwahrheit sein.«[1]
Es bleibt zu fragen, wo die Grenzen liegen, wie der rechte
Umgang mit Musik vom falschen zu trennen sei.
Paulus gibt uns dazu einige grundlegende Orientierungshil-
fen: Sein Motto lautet: »Alles gehört euch; ihr aber gehört
Christus« (1. Kor. 3, 22f). »Alles ist erlaubt, aber nicht alles
nützt; alles ist erlaubt, aber nicht alles baut auf.« (1. Kor. 10,
23; vgl. 1. Kor. 6, 12). Und was das Verhältnis zur profanen
Welt betrifft: »Prüft alles und behaltet das Gute!« (1. Thess.
5, 21).
Unsere christliche Freiheit wird also nicht durch die krampf-
hafte Abgrenzung von der Welt, den »Heiden« oder anderen
Religionen bestimmt (1. Kor. 5, 9ff), sie läßt sich vielmehr
leiten von dem Ziel, in der Liebe zu leben (1. Kor. 13) und die
christliche Gemeinde aufzubauen.
Zunächst bedeutet dies, die Vielfalt an Begabungen überhaupt wahrzunehmen, die diesen Zielen dienen können. Sie

alle sind gleichberechtigte Glieder am »Leib Christi«, die nur verschiedene Aufgaben haben (1. Kor. 12, 12ff; Röm. 12). Solche »Arbeitsteilung« bringt eine große Pluralität an Frömmigkeitsstilen, Theologien und eben auch Formen geistlicher Musik mit sich.

Um zu einer Übersicht über die verschiedenen christlichen Musikrichtungen zu gelangen, wähle ich ein idealtypisches Raster: Alle Stilrichtungen geistlicher Musik werden in ein Koordinatensystem eingetragen, so daß schon ihre räumliche Stellung die Eignung für verschiedene Aufgabenbereiche veranschaulicht. Die vertikale Koordinate steht als soziologische Kategorie für die Spannung zwischen Musik der Elite und Musik der Masse. Die horizontale Koordinate bezeichnet als ästhetisch-hörpsychologische Kategorie das Feld zwischen regressivem und progressivem Hören. (Wer »regressiv« hört, nimmt nur Altbekanntes wahr und will durch neue Musik lediglich in seinen Hörgewohnheiten bestätigt werden; wer »progressiv« hört, ist offen für ungewohnte Musikstrukturen.) Die beiden Extreme sind der Schlager und das avantgardistische Kunstwerk. Während der Schlager auf die ewige Wiederkehr des Bekannten abzielt und regressiv gehört werden soll, will die Musik der Avantgarde häufig eine ganz neue musikalische Wirklichkeit konstruieren und verlangt aufgeschlossenes, progressives Hören.
Populäre Musik ist überwiegend Massenmusik, auch wenn sie faktisch nur das »Häuflein klein« (EKG 211, 1) erreicht. Denn sie zielt auf die Ästhetik und Hörgewohnheit der Masse ab.

Zu beachten ist, daß es in diesem Schema allein um die musikalische Struktur und ihre Rezeption geht, der Text von Liedern bleibt (vorerst) unberücksichtigt.

Therapeutische Kunstmusik	autonome Kunstmusik
(z.B. Arvo Pärt)	(z.B. Messiaen)
Gregorianik	
	Moderne Jazzstile
	moderne
Meditationsmusik	Gebrauchskirchenmusik
Klassiker der	Kirchenmusik
Neues Geistliches	Lied (Trautwein etc.)
trad. Gemeindelied	experimentelle Popmusik

regressiv ————————————————— **progressiv**

Chanson, Spiritual	White Metal
Taizé Blues	Sacropop (Janssens-Stil)
Folk- und Protestsong	Mainstream-Gospelrock
Erweckliches Liedgut	
geistliche Schlager/Praise-Pop	

Hintergrundmusik (MUZAK)

Masse

Die Einträge in diesem Koordinatensystem sind nicht statisch zu denken. Die meisten Musikarten, vor allem der Popularmusik, zeigen eine deutliche Tendenz, im Laufe der Zeit nach links unten abzurutschen (polemisch »abgesunkenes Kulturgut« genannt). Das heißt, durch zunehmende Popularisierung werden die musikalischen Strukturen ehemals progressiver Stile zum ästhetischen Allgemeingut und zum Gegenstand regressiven Hörens. Auffallend ist, daß die Ecke rechts unten weitgehend leer bleibt. Dem Bereich progressiver Massenmusik müßte meiner Meinung nach wesentlich mehr Beachtung geschenkt werden. Ich denke hier an die

Verbindung von Stiltechniken aus dem Bereich der (gemäßigt) modernen Kunstmusik mit Elementen der Popästhetik, wie es Hanns Eisler und Kurt Weill bei der Vertonung von Bert Brecht-Texten vor einem halben Jahrhundert versuchten.

Die Vielfalt an musikalischen Möglichkeiten verstehe ich als Chance zur gegenseitigen Bereicherung. Wer prinzipiell gegen den Pluralismus in der Kirche wettert, kann sich jedenfalls nicht auf Paulus berufen. Der »Markt der Möglichkeiten« am Kirchentag ist nicht das schlechteste Beispiel für das, was Paulus als Vielfalt der Geistesgaben pries.

Der Pluralismus der Geistesgaben kennt keine Grenzen, jedoch ein Zentrum: »Es gibt verschiedene Dienste, aber nur den einen Herrn.« (1. Kor. 12, 5) Im Bekenntnis zu Jesus Christus treffen sich die vielfältigen Bemühungen innerhalb der Gesamtkirche aller Glaubenden. Wenn heute die verschiedenen Gruppen im Streit um die geistliche Musik wortlos und bisweilen feindselig aneinander vorbeiarbeiten, dann mag dies auch damit zusammenhängen, daß es zu wenige Möglichkeiten gemeinsamen öffentlichen Bekenntnisses zu Christus gibt. Wo in der Botschaft Jesu Christi die Mitte der Existenz gemeinsam gesucht und gelebt wird, da fällt es leichter, in der Arbeit der anderen auch Gottes Geist am Werk zu sehen. Wieder ist der Kirchentag als mögliches Forum der Verständigung zu nennen (ähnlich auch die »Jubila«-Konferenzen).

Paulus führt ein weiteres wichtiges Kriterium für den Umgang miteinander ein: die Rücksicht auf die Gewissen der anderen, vor allem der »Schwachen«, die noch nicht die Kraft haben, aus dem Vollen ihrer christlichen Freiheit zu schöpfen (1. Kor. 10, 23ff). Christliche Freiheit ist – wie bereits gesagt wurde – kommunikative Freiheit, die sich nicht rechthaberisch durchsetzt, sondern die Würde und die Rechte der anderen immer im Blick hat. Alten Menschen, die das Vorurteil durch ihre lebenslange Sozialisation verinnerlicht haben, daß jegliche Art von rhythmischer Musik in der Kirche nichts verloren habe, muß man ja nicht dauernd Schallplatten mit Gospelrock vorspielen, nur um damit die eigene Freiheit zu demonstrieren.

Im Fall des gemeinsam gefeierten Gottesdienstes ist der Sachverhalt allerdings etwas komplizierter. Denn hier gibt es sowohl »schwache« Traditionalisten, die jegliche Popularmusik in der Liturgie ablehnen, als auch »schwache« christliche Popularmusiker, die es kaum ertragen können, daß noch andere, traditionelle Kirchenmusik erklingt. Zugespitzt könnte dies zu einer Art kultureller Apartheid führen: Jede Fraktion sperrt die Musik der anderen aus der Liturgie aus und feiert eigene Gottesdienste. Vielleicht wenden Sie jetzt ein: Bei der Wahl der gottesdienstlichen Musik handelt es sich ja nur um zweitrangige Gestaltungselemente (»Adiaphora«), die nicht den Kern des Glaubens betreffen, während die Ausgrenzung bestimmter Hautfarben aus dem Gottesdienst gegen die Mitte des Evangeliums verstoße. Man könne also der Jugend durchaus den Ausschluß ihrer Lieblingsmusik aus der Liturgie zumuten. Ich gebe dagegen zu bedenken, daß für viele jüngere Menschen die Popularmusik zu einem wichtigen Teil ihrer Identität geworden ist (ähnlich wie ältere Menschen von einzelnen Gesangbuchstrophen zehren). Als Sprachebene der Sinne ist Rock- und Popmusik wesentlicher Bestandteil ihrer Kommunikationsprozesse. Wird diese Erfahrungsebene aus den Gottesdiensten verbannt, fällt eine wichtige Dimension der Erlebniswelt ausgerechnet dort aus, wo es um die Fülle des Lebens gehen soll.

Ich plädiere daher für *stilistischen Pluralismus im gemeinsamen Gottesdienst*. Dienen die verschiedenen Geistesgaben zur gegenseitigen Bereicherung, dann darf es auch zu gegenseitigen Zumutungen kommen. Vielleicht sind die »Schwachen«, auf deren Gewissen oder Geschmack immer Rücksicht genommen wurde, plötzlich doch »stärker«, das heißt toleranter und freier, als bislang vermutet. Die mit unterschiedlichsten kulturellen Formen ausgestalteten Abschlußgottesdienste der Kirchen- und Katholikentage sind hierfür meiner Meinung nach gute Modelle lebendiger Gottesdienste in der Vielfalt der Geistesgaben.

Welche Konsequenzen sind daraus für die inhaltliche Gestaltung der populären christlichen Musik zu ziehen? Ausgehend von der christlichen Freiheit kann es verständlicherweise hier nicht zu einem Gesetz für die geistliche populäre Musik kommen. Im Anschluß an die Begrifflichkeit der »Theologie der Befreiung« in Lateinamerika möchte ich jedoch von »vorrangigen Optionen«, also bevorzugten Richtungsentscheidungen reden:

1. Für den Bereich der *Liturgie* gilt zunächst die bereits ausgeführte *Option für die Vielfalt in der Einheit,* was konkret auch eine *Option für die Ökumene* bedeutet. Als inhaltliches Kriterium ist die *vorrangige Option für Musik unter dem Kreuz* zu nennen. Nicht um die Weisheit der Welt geht es im Gottesdienst, sondern um das Ärgernis des Kreuzes (1. Kor. 1, 18ff). »und das Niedrige in der Welt und das Verachtete hat Gott erwählt« (1. Kor. 1, 28). Sacropop muß immer wieder daraufhin untersucht werden, ob er wirklich noch die Sprache des Ärgernisses und der Niedrigen redet oder doch nur die gängige, populäre Alltagsweisheit, das Entertainment der Welt oder die Worte der Mächtigen wiederholt.

Völlig unverständliche und elitäre avantgardistische Kunstmusik und Musik, die eine aggressive Barriere zwischen den Generationen setzt (Heavy Metal), verdummend-seichte Schlager und ehrfurchtslos zusammengestöpselte Hintergrundmusik haben in der Liturgie nichts zu suchen. Ansonsten herrscht hier große Freiheit. Manche Liturgiker nehmen weitergehende normative Eingrenzungen vor: Die Liturgie sei objektive Darstellung des Heilswerkes, damit seien individuell-subjektive Emotionen ausgeschlossen.[2] Liturgische Musik dürfe nur die Urelemente der Musik, also einfache Melodieformen und Rhythmen verwenden. Hinter dieser und meiner Konzeption stehen letztlich verschiedene Theologien. Während dort gottesdienstliche Musik als Parabel der guten Schöpfungsordnung gleichsam übermenschlich und übergeschichtlich verstanden wird, ist mir (im Anschluß an Karl Barth) der Begriff der »Schöpfungsordnung« höchst suspekt. Wer kann schon angeben, was wirklich Gesetz der Schöpfungsordnung Gottes ist und was hingegen der Einbildung der Menschen entspringt (bekannte Theologen dieses Jahrhunderts wie z.B. Paul Althaus hielten die Todesstrafe und die völkisch-rassische Trennung der Welt für einen Teil der Schöpfungsordnung!). Musik, auch die liturgische, hat keine Schöpfungsordnung widerzuspiegeln, sondern dem Liebeswillen Gottes zu dienen. Und im Dienst der Liebe gibt es – in aller Freiheit – sehr viele Möglichkeiten.

2. *Diakonische Musik* folgt einer *vorrangigen Option für die Armen*. Sie macht sich zum Sprachrohr von Benachteiligten und Unterdrückten. Blues, Spiritual, Teile des Reggae, die Folk-Protestsong-Tradition, aber auch alle progressiven Protestrock-Richtungen erfüllen diese Funktion. Extrem regressive Musik wie der Schlager hingegen wiederholt meist die Klischees des »gesunden Volksempfindens« in ihrer musikalischen Struktur wie im Text.

Meines Erachtens könnte die christliche Popularmusik im diakonischen Bereich noch stärker Profil zeigen, schon äußerlich durch Zusammenarbeit mit amnesty international, Greenpeace und Lateinamerikagruppen, mit Behinderten-, Ausländer-, Frauen- und anderen Emanzipationsgruppen.[3]

Therapeutische Musik dient der Heilung und Ganzwerdung

des einzelnen wie der Gruppe, sie orientiert sich an der *vorrangigen Option für die Ganzheitlichkeit*. Populäre christliche Musik sollte alle Ebenen des Menschen, von der Motorik bis zum rationalen Denken, gleichermaßen ansprechen und zusammenbinden. Das kann nicht in jedem Musikstück gleichzeitig geschehen, sollte jedoch beim Konzertaufbau berücksichtigt werden.

Zur therapeutischen Stabilisierung labiler Personen eignen sich besonders regressive Musikstile. Durch Geborgenheitserfahrung im Klang können Ängste abgebaut und Vertrauen mobilisiert werden (z.B. durch Taizé-Musik). Hier hat auch der Kirchenschlager seine begrenzte psychohygienische bzw. seelsorgerliche Berechtigung.

3. *Prophetischer Musik* geht es um die Ansage der neuen, besseren Wirklichkeit Gottes, um den Ruf zur Umkehr und um den Exodus aus den Verstrickungen dieser Welt hin zu Gott. Für sie gilt die zweifache *vorrangige Option für schriftgemäße und zeitgemäße Musik*. Wie den Predigern und Predigerinnen Bibel, Bekenntnisschriften und die Tageszeitung die wichtigsten Hilfsmittel sind, so analog für christliche Popularmusiker Bibel, Gesangbücher und aktuelle Liederhefte und Tonträger. Die überholte Form der »Jazz-Messen« zeigt, daß gerade Popularmusik rasch wieder unzeitgemäß ist und so die Lächerlichkeit riskiert.

Daher sind für prophetische Musik besonders die progressiven Stilrichtungen geeignet, die schon in ihrer musikalischen Struktur das Hereinbrechen des Transzendenten als des ganz anderen symbolisieren. Es ist allerdings häufig so, daß die Texte weit radikaler und unbequemer sind als die Musik. Ein treffender Text kann mich zu Buße und neuem Aufbruch motivieren, während das schlagermusikalische Arrangement suggeriert, daß doch alles in Ordnung sei und unverändert bleiben könne. Diese ästhetische Doppelgleisigkeit zeigt, daß hier der Musik keine Eigenbedeutung zugebilligt wird, sie vielmehr zum reinen Transportmittel des Textes geworden ist. Man sollte dann nicht von prophetischer Musik, sondern von prophetischen Texten mit Musik reden.

Weil die Prophetie den Willen Gottes in verständlicher Weise verkündigen will, liegt die *vorrangige Option für Textmusik* nahe. Erst die Verbindung von Text und Musik verbürgt die nötige Eindeutigkeit der Botschaft von Gottes Gnade und seinem Anspruch an uns.

4. Die *Glossolalie*, also die geistgewirkte autonome Kunstmusik, ist die legitime Form christlich-elitärer Musik. Sie erfüllt die Eingeweihten mit dem Vorgeschmack des Reiches Gottes und führt sie im Erleben einer ganz neuen Wirklichkeit zum ehrfürchtigen Staunen. Popularmusik trägt nur selten den Charakter der Glossolalie (am ehesten wohl im Jazz), da sie sich in der Regel bewußt als Funktionalmusik, also als Mittel zu einem bestimmten Zweck versteht (Textübermittlung, Tanzen etc.) und nicht als freies, künstlerisches Spiel im Angesicht Gottes. (Als Ausnahme könnte man vielleicht die Musik der Gruppe »Koinonia« nennen oder einige Instrumentalstücke von Hufeisen/Plüss oder Werner Hucks.)

Ist die Glossolalie (also freie Kunstmusik) Teil der Liturgie, so ist die *vorrangige Option für die verständliche Auslegung der Glossolalie* zu berücksichtigen. Paulus erkannte die Möglichkeit der ekstatischen »Zungenrede« im Gottesdienst an, solange sie durch Übersetzung eines anderen für alle Anwesenden fruchtbar gemacht werden konnte (1. Kor. 14, 13ff). Übertragen auf das Feld autonomer Kunstmusik bedeutet dies, daß solche Musik nur dann im Gottesdienst zur Aufführung gelangen sollte, wenn ihr Sinn entweder durch Interpretation oder durch den Aufbau der Liturgie allen Gottesdienstbesuchern deutlich wird.

Was die nichtliturgische autonome Kunstmusik betrifft,

ließe sich poetisch-theologisch von einer *vorrangigen Option für die Spielregeln des Heiligen Geistes*, also von der Offenheit für die Inspiration durch den Geist Gottes reden. Was ich damit meine, führt Paulus weiter aus: »So nimmt sich auch der Geist unserer Schwachheit an. Denn wir wissen nicht, worum wir in rechter Weise beten sollen; der Geist selber tritt jedoch für uns ein mit Seufzen, das wir nicht in Worte fassen können.« (Röm. 8, 26)

Gebührt nun einer der genannten Dimensionen geistlicher Musik grundsätzlich der Vorzug, steht die liturgische Musik oder die Glossolalie an oberster Stelle der Werteskala? Paulus selbst fordert ja: »Strebt aber nach den höheren Gnadengaben!« (1. Kor. 12, 31). Er selbst gibt der Prophetie den Vorzug (1. Kor. 14). Gleichzeitig relativiert er diese Entscheidung dadurch, daß er der Liebe den Platz über allen Geistesgaben zuteilt (zusammen mit Glaube und Hoffnung; 1. Kor. 13). Ich meine, daß die Liebe in jeder Zeit und an den je verschiedenen Orten die Setzung von Prioritäten innerhalb der Dimensionen geistlicher Musik erfordert. Im Dritten Reich hätte man weithin, statt Gregorianik zu singen, stärker die diakonische und prophetische Dimension geistlicher Musik betonen sollen. Was heute am dringlichsten ist, muß innerhalb des »konziliaren Prozesses« von allen Beteiligten entschieden werden.

In allen Formen geistlicher Musik ist Qualität gefordert. Es gibt nicht nur bessere und schlechtere Kunstmusik, sondern auch gute und schlechte Popsongs. Manche Autoren sprechen vom »künstlerischen Anspruch«, dem alle geistliche Musik genügen müsse. Kaum ein Begriff ist jedoch so unscharf und umstritten wie derjenige der »Kunst«. »Der Wandel des Kunstbegriffes durch die Jahrhunderte ist so offensichtlich, daß man ihn nicht erläutern muß. Der Geniekult der Romantik ist eben von Grund auf anders geartet als der Abbildungskult des Naturalismus. Die Kunst des sozialistischen Realismus zeigt etwas anderes als die Fragmentierung des Lebens, wie sie Picasso darstellte. Jüngste Entwicklungen, wie Happening-Kunst, Pop Art, Antikunst, beanspruchen, ob uns das paßt oder nicht, diesen Begriff ebenfalls.«[4] Mit gewissem Recht – wie ich meine – wird jedoch der Kunstbegriff überwiegend für Formen selbständiger Gestaltungsprozesse reserviert, die unabhängig von äußerlichen Zwekken eine eigene Wirklichkeit konstruieren, also autonome Kunst sind. Um in aristotelischer Tradition die handwerkliche Qualität von funktionaler, zweckgebundener Musik zu bezeichnen, sollte besser der zusammengesetzte Begriff »Kleinkunst« verwendet werden. Ich plädiere hier für diesen Begriff, weil er neben der Forderung handwerklicher Gediegenheit zusätzlich – als Anklang an den Begriff der hohen Kunst – ein ästhetisches Werturteil enthält, das über die Würdigung des Gebrauchswertes hinausgeht. Ästhetische Kategorien der autonomen Kunst wie Ausdrucksstärke, Überzeugungskraft, Stimmigkeit und Wahrhaftigkeit sind auch auf die Formen der populären christlichen Musik anwendbar.

Jesaja, Jeremia und Ezechiel waren Kleinkünstler, als sie in prophetischen Zeichenhandlungen vor das Volk traten (vgl. z.B. Jes. 20; Jer. 19f; Ez. 4f), ebenso Jesus in seinen Gleichnissen und später Martin Luther mit seinen Liedern.

Will populäre christliche Musik Kleinkunst sein, so muß sie sich vor allem vor dem Kitsch hüten. Von Kitsch möchte ich in Anlehnung an Manfred Siebald und Walther Killy[5] dann reden, wenn Musik oder Text allein auf den schnellen Gefühlserfolg aus sind, falsches Pathos erklingt, Form und Inhalt auseinanderklaffen, Floskeln jedes differenzierte Hören unterlaufen, handwerkliche Mängel offensichtlich sind oder der Hörer mit seinen Konsumbedürfnissen zum alleinigen Kriterium der musikalischen Gestaltung wird.

Über die Vertonung des Bonhoeffer-Textes »Von guten Mächten« durch Siegfried Fietz läßt sich beispielsweise trefflich streiten. Tatsache ist, daß sich – jedenfalls in der Jugend – seine Melodie weitgehend gegen alle Konkurrenten durchgesetzt hat (im neuen Gesangbuch wird trotzdem die Melodie von Otto Abel stehen). Tatsache ist auch, daß unter den Kirchenmusikern eine große Abneigung gegen diese Vertonung anzutreffen ist.

Dietrich Bonhoeffer hat den Text[6] zu Silvester 1944 in der Haft geschrieben. Es ist ein Trostlied in einer Situation, in der er für das folgende Jahr mit seiner Ermordung rechnen mußte (am 9. April 1945 wurde er im KZ Flossenbürg umgebracht).

Zur Beurteilung der Vertonung von S. Fietz sollten Sie die Melodie zunächst einmal nur summen: Richtig, es handelt sich um eine Art Hirten- oder Wiegenliedmelodie, sie beruhigt ungemein. Sie hat also eindeutig therapeutische, ja geradezu archetypische Qualität. So weit, so gut. Die entscheidende Frage ist, ob der Bonhoeffer-Text den Charakter eines idyllischen Hirtenliedes hat oder eher ein in schwerem Kampf errungener Bekenntnistext ist (vgl. den Anfang der zweiten Strophe: »Noch will das Alte unsre Herzen quälen . . .«). Wer sich für die zweite Möglichkeit entscheidet, dem wird die Fietz-Melodie zum Problem: Das Auseinanderfallen von Inhalt und musikalischer Form kann dann schnell zur Wertung »Kitsch« führen.

Ich will den Streit um diesen konkreten Fall hier offenlassen. Wichtiger ist mir der Hinweis, daß populäre christliche Musik von kleinkünstlerischem Anspruch vor allem keine »Weghörmusik« sein darf, die nebenbei konsumiert wird wie die Kartoffelchips beim Fernsehen. Wenn der Glaube aus dem Hören des Evangeliums erwächst (Röm. 10, 17), dann kann erwartet werden, daß Musik, die diesem Evangelium dienen will, »Zuhörmusik« ist.

Nach diesem Plädoyer für die Kleinkunst beschließe ich dieses Kapitel mit dem Aufruf zur Eigenkreativität. Zwar ist auch aktives Hören von Musik bereits kreativ, die intensivste »geistliche Wirkung« entfaltet populäre christliche Musik jedoch dann, wenn man und frau selbst singt, bläst, streicht, tastet oder schlägt (nämlich Schlagzeug oder Percussion), und dies am besten in einem Chor oder einer Musikgruppe. Je mehr aktiv Mitwirkende vorhanden sind, um so geringer ist die Gefahr, daß Gottesdienste oder evangelistische Konzerte zu Konsumveranstaltungen degenerieren.

Streit ohne Ende:
Gregorianik contra Popmusik –
Sacropop im Bereich
der römisch-katholischen Kirche

Lieber Peter,
Du bittest mich um einen kurzen Überblick über die Möglichkeiten des Einsatzes von populärer Musik im Bereich der katholischen Kirche. Ich will von unserer eigenen Gemeindearbeit ausgehen. Aus ehemaligen Mitgliedern eines Kinder- und Jugendchores bildete sich bei uns vor einigen Jahren eine Band, die regelmäßig probt, verschiedene Gottesdienste musikalisch gestaltet und auch schon einmal in einem Rundfunkgottesdienst mitwirkte. Gespielt werden die bekannteren neuen geistlichen Lieder (wie »Die Sache Jesu braucht Begeisterte«, »Alle Knospen springen auf« u.a.), noch kaum eigene Kompositionen. Es ist auch für fast alle anderen katholischen Bands typisch, daß sie primär für die eigene Gemeinde arbeiten und nicht dem Traum von der großen Konzertkarriere nachhängen. Jedenfalls orientieren sich unsere Bandmitglieder nicht an der kommerziellen Gospelrock-Szene, dagegen hat Peter Janssens bei manchen noch Vorbildfunktion.
Da die Reaktionen der Gemeinde auf die Bandmusik überwiegend positiv sind, quält sich unsere Musikgruppe nicht dauernd mit Legitimitätszweifeln. Auf negative kirchenamtliche Äußerungen angesprochen, halten sie dagegen, daß der Schwund an jugendlichen Gottesdienstbesuchern in der katholischen Kirche gerade auch auf die weitgehende Ausgrenzung der Lebenswelt der Jugendlichen und damit der Pop- und Rockmusik aus dem Gottesdienst zurückgehe. Sie sehen

in ihrer musikalischen Arbeit die Chance, kirchenfremde Jugendliche wieder zu erreichen.

Die Devise der Band: »Gespielt wird, was gefällt« kann allerdings zu einigen Anfragen herausfordern. Bisweilen tritt die kritische Reflexion der eigenen Arbeit hinter dem gemeinsamen Musikerlebnis völlig zurück. Eine Begleitung durch qualifizierte Kräfte etwa auf Diözesanebene wäre daher durchaus wünschenswert. Doch zeigt der Blick über den eigenen Kirchturm hinaus, daß diesbezüglich die Situation in den Bistümern sehr unterschiedlich ist. In Köln, Limburg, Münster und München gibt es Arbeitskreise, die sich die Förderung und Begleitung von Liedermachern, Jugendchören und Musikgruppen zur Aufgabe gemacht haben. Anderswo, auch bei uns, gibt es nichts dergleichen.

Um die Diskussion über den Sacropop in der katholischen Kirche zu verstehen, ist es unerläßlich, die offiziellen Dokumente zur Kirchenmusik, die vom letzten Konzil (dem II. Vatikanum 1962-1965) bzw. durch andere kirchliche Gremien erlassen wurden, kennenzulernen:

Die grundsätzlichen Äußerungen und Gesetze des II. Vatikanischen Konzils wurden 1967 in der »Instruktion über die Musik in der Liturgie« genauer ausgeführt. In deren Vorwort wird die Musica sacra (Kirchenmusik) wie folgt definiert: »Daher wird auch jene für den Gottesdienst geschaffene Musik, der Heiligkeit und Güte der Formen eigen ist, Kirchenmusik genannt.«[1] Dabei schließt die Kirche keine Art der Musica sacra von der Liturgiefeier aus, »sofern sie dem Geist der betreffenden liturgischen Handlung und dem Wesen ihrer einzelnen Teile entspricht und die gebührende tätige Teilnahme des Volkes nicht behindert«[2]. Allerdings ist es Sache allein des Apostolischen Stuhles, die wichtigeren allgemeinen Prinzipien festzulegen.[3]

Die Instruktion legt Wert darauf, daß die Kompositionen neuer Kirchenmusik den dargelegten Grundsätzen und

Richtlinien *genau* entsprechen sollen. Sie sollen »die Merkmale echter Kirchenmusik an sich tragen und nicht nur von größeren Sängerchören gesungen werden können, sondern auch kleineren Chören angepaßt sein und die tätige Teilnahme der Gläubigen fördern«[4].

Die stärkere Beachtung der Muttersprache fordert auch neue Melodien zu den muttersprachlichen Texten. Bei deren Komposition wird eine gewisse Erfahrung und Reife vorausgesetzt. Es sollen keine abträglichen Experimente stattfinden. Deshalb ist nichts statthaft, »auch nicht aus Gründen der Erprobung, was zur Heiligkeit des Ortes, zur Würde der liturgischen Handlungen und zur Frömmigkeit der Gläubigen nicht paßt«[5]. Typisch profane Musikinstrumente sind ebenfalls aus der liturgischen Musik ausgeschlossen.[6]

Große Bedeutung hat auch nach wie vor das »Motu proprio« Papst Pius X. von 1903 über die Kirchenmusik. Dieses päpstliche Dokument fordert unter den drei grundlegenden Kriterien für echte Kirchenmusik neben der »Heiligkeit« und »Universalität« auch die »Güte der Form« und stellt erläuternd fest: »Sie muß wahre Kunst sein, sonst vermag sie nicht jenen Einfluß auf die Zuhörer auszuüben, den sich die Kirche verspricht, wenn sie die Tonkunst in ihre Liturgie aufnimmt.«[7]

Diese Aussage hat Generationen von Kirchenmusikern geprägt und ist auch heute noch für viele Fundament ihres Selbstverständnisses. Vorbild einer heiligen, universalen Kunstmusik ist dabei der Gregorianische Choral.[8]

Papst Johannes Paul II. steht in der Tradition des »Motu proprio«, wenn er betont, »daß die Musik für den Gottesdienst echte Kunst ist und immer die Heiligkeit des Kultes zum Ziel haben muß«[9].

Auch einzelne Theologen wie Kirchenmusiker greifen immer wieder in den Streit um die rechten Töne in der Liturgie ein: Ausgehend von einer anspruchsvollen Theologie des Gottesdienstes und der Kirche, gelangt z. B. Joseph Kardinal Ratzinger zu einer kategorischen Ablehnung von Rock- und Pop-Musik innerhalb der Liturgie.[10] Liturgische Musik darf seiner Meinung nach nicht lediglich soziologisch als gemeinschaftsstiftendes Element einer Christengruppe verstanden werden und darf nicht zuerst dem einzelnen Subjekt dienen, sondern muß Musik der Gesamtkirche sein. Sie soll objektiv und positiv, das heißt Ausdruck der Tiefendimension des Kosmos sein, sie soll innerhalb der Geschichtsentwicklung und Tradition stehen und »Antwort auf eine Initiative von oben her, auf einen Anruf und einen Akt der Liebe, der Mysterium ist«[11], sein. Liturgische Musik kann also nur aus dem Empfangen des Heiligen Geistes kommen. Dieser Geist ist etwas anderes als unser allgemeines Alltagswissen. Ratzinger betont daher, »daß die Musik, die der Anbetung ›in Geist und Wahrheit‹ dient, nicht rhythmische Ekstase, nicht sinnliche Suggestion oder Betäubung, nicht subjektive Gefühlsseligkeit . . ., nicht oberflächliche Unterhaltung sein kann, sondern einer Botschaft zugeordnet ist, einer umfassenden geistigen und im höchsten Sinn vernünftigen Aussage«[12]. Der Kardinal fordert durchaus die Verleiblichung des Wortes Gottes analog zur Fleischwerdung Christi, versteht diese Verleiblichung jedoch als vergeistigte Weise von Leiblichkeit. Der Geist, nicht die unkontrollierten Triebe, soll das Handeln der Menschen motivieren und das christliche Leben bestimmen. Dem widerspricht jedoch nach Ratzinger die Pop- und Rockmusik, weil diese Ausdruck einer rein körper- und subjektbezogenen profanen Lebenshaltung ist, die durch Ekstase und Rausch vermittelt ist und damit zu einer dem Rauschgiftkonsum verwandten Selbsterlösungsreligion wird. Sie »ist aber gerade darum der christlichen Vorstellung von Erlösung und Freiheit von Grund auf entgegengesetzt, ihr eigentlicher Widerspruch. Nicht aus ästhetischen Gründen, nicht aus restaurativer Verbohrtheit, nicht aus historischer Unbeweglichkeit, sondern vom Grund her muß daher Musik dieses Typs aus der Kirche ausgeschlossen werden.«[13]

Diese strengen Kriterien gelten nach Ratzinger zunächst für die im engeren Sinne liturgisch kultische Musik (also während der Messe). Daneben gibt es im Vorraum der Liturgie durchaus Platz für musikalische Volksfrömmigkeit und im weiteren Sinne »geistliche Musik«, ja sogar für kreative Experimente einzelner Gruppen. Aus diesen freieren Formen darf dann reifen, was später in die Gemeinsamkeit des allgemeinen Gottesdienstes der Kirche eintreten kann.

Andere Autoren kritisieren den Gebrauch von populärer Musik im Gottesdienst, weil sie zu viel Sozialkritik in den Gottesdienst hineintrage, und befürchten, daß das Glaubensverständnis hier relativiert, verengt und auf die horizontale Ebene reduziert werde.[14]

Ein großer Teil der Kritiker lehnt Sacropop innerhalb der Liturgie vor allem deshalb ab, weil er die von der Kirche geforderte Qualität der Kirchenmusik nicht erreiche. So wendet sich heute wie bereits vor zwanzig Jahren der Augsburger Domkapellmeister Rudolph Brauckmann wie viele seiner Kollegen gegen Pop im Gottesdienst. Die Messe sei keine musikalische Bedürfnisanstalt, die Kunst kein auf die jeweiligen Bedürfnisse des Menschen zugeschnittenes Arrangement.[15]

Es gibt von katholischer Seite jedoch auch freundlichere Töne, die eine differenziertere Bewertung des Sacropop anstreben. Der verantwortliche Schriftleiter der renommierten katholischen Musikzeitschrift »Musica Sacra« Franz A. Stein etwa ist zwar kein Fan christlicher Popularmusik, sieht pragmatisch aber auch die Chancen dieser Musikform für die Hinführung junger Menschen zu Gebet und Liturgie. »Ohne qualitativem Tiefstand im Liedschaffen das Wort reden zu wollen: Ist es besser, Tausende singen auf Anhieb mit und haben ihre Freude daran, oder sie ärgern sich über eine Komposition, die sie nicht kennen und auch nicht so schnell kennenlernen können...?«[16] Den Kirchenmusikern empfiehlt er, sich gründlicher über diesen Bereich zu informieren, statt nur polemisch abzuwerten.

Der Mitherausgeber der 1972 eingestellten progressiveren Zeitschrift »Musik und Altar« Johannes Aengenvoort betont in einem programmatischen Rück- und Ausblick, daß der Maßstab autonomer Kunstmusik für kirchliche Gebrauchsmusik ungeeignet sei. Er plädiert für gemeindeorientierte Musik, die kleinkünstlerischen Anspruch erfüllt.[17]

Lieber Peter, dieses vielfältige Stimmungsbild über die Verwendung der populären Musik innerhalb der Liturgie im Bereich der römisch-katholischen Kirche ist natürlich nicht vollständig und scheint eine deutliche Tendenz zur Ablehnung widerzuspiegeln. Auch in den Gemeinden sind diese verschiedenen Richtungen zum Teil zu finden. Jedoch hängt eine Ablehnung oder Befürwortung vor Ort von verschiedenen Faktoren der Gemeindesituation ab, vor allem von der persönlichen Einstellung von Geistlichen und Kirchenmusikern, von der Aufgeschlossenheit der Gottesdienstbesucher und der Gemeinderäte sowie natürlich vom Engagement der Jugend.

In der Gemeinde, in der ich meinen Dienst verrichte, ist in den vergangenen drei Jahren die Arbeit im Bereich der christlichen Popularmusik besonders gefördert worden. Der Kirchenchor (!!) hat der Gemeindeband einen Probenraum und Instrumente bereitgestellt. Im Gegensatz zu früher kommt es jetzt öfter vor, daß der eine oder die andere aus der Band und dem dazugehörigen Singkreis in den Kirchenchor hineinwachsen. Ich glaube, das geschieht auch deshalb, weil sich die Jugendlichen von den etablierten kirchenmusikalischen Kräften in ihrer Arbeit ernstgenommen fühlen. So sind bei uns die verschiedenen musikalischen Kräfte der Gemeinde *zusammen* als Teil des *wandernden Volkes Gottes* unterwegs.

Das Ziel ist allen gemeinsam, die Begabungen, die dorthin führen, sind *vielfältig*. In der Tat ist mit Kardinal Ratzinger zu betonen, daß es *keiner Gruppe nur um die eigenen Interessen* gehen darf. Dieses Argument ist jedoch zunächst gegen eine elitär um sich selbst kreisende »hohe« Kirchenmusik zu wenden, die nur auf alle anderen »niederen« musikalischen Dienste in der Gemeinde herabblickt. Sowohl die kirchliche Kunstmusik als auch die populäre Gebrauchsmusik in der Liturgie sollten sich als *komplementär aufeinander bezogenen Begabungen im »Leib Christi«* verstehen. Das bedeutet für die christliche Popularmusik, daß sie immer das *vielfältige Ganze der Kirchenmusik*, ihre Vergangenheit wie Zukunft, im Blick behalten und sich durch andere, traditionelle Weisen des musikalischen Dienstes gerade hinsichtlich der Qualität auch kritisch hinterfragen lassen sollte.[18]

Herzlich
Dein
Wolfgang Schuhmacher

Satans erster Stoßtrupp oder Ausgeburt ästhetischer Ignoranz? Antwort an die Gebildeten unter den Verächtern der Pop- und Rockmusik

Um die Popularmusik, insbesondere um die Rockmusik wird seit mehr als 35 Jahren ein regelrechter Kulturkampf ausgefochten. Qualifizierte und weniger qualifizierte Hüter von Moral, Ästhetik und Pädagogik melden sich mit Vorträgen und Büchern zu Wort und bestreiten der Popularmusik die Existenzberechtigung. Das geht auch Gospelrock und Sacropop an den Lebensnerv, zumal die schärfste Kritik von christlicher Seite kommt. Drei Haupteinwände will ich im folgenden kurz vorstellen und wenigstens ansatzweise diskutieren:

- Rock- und Popmusik liefert falsche Vorbilder und manipuliert negativ das Bewußtsein (ethisch-pädagogisches Argument);
- Popularmusik ist Weltflucht, ihre Rituale sind regressiv, führen also zurück in kindliche Entwicklungsstadien (psychologisch-pädagogisches Argument);
- Popularmusik ist bewußte ästhetische Verdummung der Massen mit dem Zweck der Herrschaftsstabilisierung des kapitalistischen Machtgefüges (ästhetisch-musiksoziologisches Argument).

Drogen, Sex und Okkultismus?

In einem meiner Bücherregale ist eine ganze Ecke nur für Publikationen aus dem konservativ-christlichen bzw. evangelikalen Spektrum reserviert. Darin wiederholen Autoren wie

Martin Heide, Rudolf Gerhardt, Ullrich Bäumer, Mathieu Eggler, Dan & Steve Peters, John Rockwell, Salazar Bañol, Michael Buschmann, Walter Kohli und Mutter Basilea Schlink von der Marienschwesternschaft in Darmstadt-Eberstadt immer wieder dieselben Vorwürfe gegen die Rockmusik. Sie biete der Jugend falsche Leitbilder, sei für den Werteverlust heute verantwortlich zu machen, propagiere promiske oder gleichgeschlechtliche Sexualität, narzißtische Selbstbefriedigung, Drogenkonsum und Anarchie. Die stark rhythmisch orientierte Musik stehe in Konflikt mit den natürlichen Körperrhythmen und verletze daher Gottes Schöpfungsordnung, sei gesundheitsschädlich, führe zu Aggressionen und stifte bisweilen zum Selbstmord an. Im übrigen verleite sie zu nicht-christlicher Religiosität und sei zu einem großen Teil dem Okkultismus verfallen bzw. satanistisch unterwandert. Für manche Autoren ist daher Rockmusik *die* antichristliche Musik, ein Vorzeichen der nahenden Apokalypse, und christliche Heavy Metal-Musik erscheint als eine besonders geschickte Tarn-Aktion des Teufels selbst[1].

Die Ablehnung aller christlichen Rockmusik liegt daher nahe: »Wenn wir prüfend und betend unter der Leitung des Geistes das Wort Gottes lesen und nach Seinem Willen fragen, dann können wir kein Ja zur christlichen Rockmusik finden.«[2] – »Weil die typischen Elemente der Rock-Musik . . . der Schöpfungsordnung Gottes widersprechen, . . . kann es keine christliche Rock-Musik geben.«[3] Differenzierter argumentiert allein U. Bäumer in seinem zweiten Buch: Rockmusik könne missionarisches Medium werden, jeglicher Starkult, Rauschekstase und Vergötzung der Musik sei jedoch abzulehnen.

Mit einem Teil dieser Vorwürfe hat sich bereits Steve Lawhead in seinem Buch »Das Schaf im Wolfspelz. Rock aus der Sicht eines Christen« auseinandergesetzt. Er streitet nicht manche Negativerscheinungen ab, wehrt sich jedoch gegen falsche Pauschalierungen. Nach meiner Durchsicht der kritischen Bücher ist mir zudem aufgefallen, daß bestimmte falsche Sachinformationen von einem Autor zum anderen weitergereicht werden, ohne überprüft zu werden. Das betrifft vor allem die angeblichen Rückwärtsbotschaften (also in falscher Richtung aufs Produktionsband aufgenommene Spuren) und die subliminalen, das heißt die zu leise oder verzerrt aufgenommenen, vom Normalbewußtsein daher nicht wahrnehmbaren Mitteilungen auf LPs. Ich habe einige Beispiele selbst überprüft und mich sonst auf ein Video einer Veranstaltung von Ken und Carola Wood gestützt, in der verschiedenste Klangbeispiele vorgeführt wurden. Rückwärtsmaskierte Botschaften liegen dann tatsächlich vor, wenn vorwärts, also normal abgespielt, nur unverständliche Laute ertönen (so z.B. zu Beginn des Stückes »Fire is high« auf der LP »Face the music« vom Electric Light Orchestra). Das ist dann leicht zu überprüfen, indem ein Tonband mit dem entsprechenden Stück falschherum eingelegt wird. Meist handelt es sich bei solchen Textfetzen um harmlose Gags, die als Promotioneffekt den Verkauf der Platten ankurbeln helfen sollen (so schon bei den Beatles). Nun wird jedoch von den meisten der oben genannten Autoren behauptet, daß vorwärts ganz normal klingende Liedtexte rückwärts abgespielt einen gotteslästerlichen oder moralisch verwerflichen Sinn ergäben. Zwei Standardbeispiele sind einmal der Refrain des Queen-Titels »Another One Bites the Dust«, der rückwärts tatsächlich einigermaßen nach »start to smoke marijuana« klingt und als Aufruf zum Drogenkonsum verstanden werden könnte. Ich halte das für Zufall, denn der Texter müßte ja zunächst den zweiten Text erfunden haben, um dann anhand der rückwärtsgelesenen Lautfolge einen halbwegs sinnvollen Umkehrtext zu entwerfen. Das zweite Beispiel ist das Lied »Stairway to Heaven« von Led Zeppelin, in dem angeblich ganze Strophen rückwärts einen anderen Sinn ergeben sollen. Ich habe es ausprobiert und *nichts* gehört, was wohl vor allem daran lag, daß ich im Unterschied zu dem Queen-Beispiel bewußt den in verschiedenen Büchern abgedruckten angeblichen Rückwärtstext *vor* dem Experiment nicht zur Kenntnis genommen hatte. Das bedeutet, daß sehr leicht das gehört wird, was einem vorher als angeblicher Rückwärtstext suggeriert wurde. Bei den allermeisten Beispielen des Wood-Video erging es mir genauso. Rückwärtsmaskierte Botschaften sind daher meines Erachtens primär Phantasieprodukte angstgeplagter Christen, die dämonische Kräfte (nämlich innerpsychische Erfüllungszwänge und Automatismen, hier eben satanische Texte) durch ihre Überängstlichkeit erst selbst erzeugen und damit im Grunde die eigentlichen Teufelsanbeter sind. Es gibt zwar – realistisch gesehen – in der noch nicht erlösten Welt dämonische Mächte, ich schenke ihnen jedoch keine unnötige Aufmerksamkeit. Christen sollten sich nicht auf den Teufel, sondern auf Jesus Christus konzentrieren. Denn allein die Blickrichtung auf Gott hin prägt das Leben zum Guten, nicht das Starren auf zerstörerische Kräfte und Gewalten.

Natürlich gibt es Rockgruppen, die sich ein satanisches Image zugelegt haben, und bei Konzerten in Altamont und Cincinnati kamen tatsächlich Menschen ums Leben. Hier gibt es genauso wie bei einigen echten Okkultisten innerhalb der Rockszene[4] nichts zu beschönigen: Das ist für Christen wie für alle vernünftigen Menschen absolut inakzeptabel. Aber von solchen Randerscheinungen (Rolf Tischer hat in seiner wichtigen Studie einen okkulten Anteil von 0,45 Prozent an der gesamten Rock- und Popmusik errechnet![5]) darf eben unter keinen Umständen auf jede Rockmusik zurückgeschlossen werden! Daß manche Rockstars wie Nina Hagen religiöse Vorstellungen an den Tag legen, die stark synkretistisch vom New Age bestimmt sind und mit Christentum nichts mehr zu tun haben, halte ich in einer pluralistischen Gesellschaft für normal und repräsentativ. Die kleine Zahl überzeugter Christen im Rockgeschäft entspricht durchaus dem Einfluß des christlichen Glaubens auf die heutige Welt.

Auch andere Vorwürfe sind zurechtzurücken: Zwar gab es tatsächlich in den sechziger und siebziger Jahren viele Drogentote unter Rockmusikern, heute jedoch propagiert kaum ein Rockstar mehr den Drogenkonsum, und Leitfiguren wie Udo Lindenberg oder Michael Jackson verurteilen ihn öffentlich[6].

Es ist richtig, daß manche Rockmusiker ihre Musik als Instrument zur sexuellen Befreiung verstanden (z.B. Frank Zappa oder Jacques Morali von den Village People). Aber es wäre erst noch empirisch zu untersuchen, was mehr Schaden im psychischen Haushalt und der Sexualentwicklung von Jugendlichen verursacht hat, die prüde und leibfeindliche Sexualmoral frommer Kirchenkreise oder die libertinistische Zurschaustellung von Sexualität durch einige Rockstars. Das, was nun tatsächlich in Teilen der Popularmusik (nämlich im Schlager, in Disco-Musik, aber auch im Heavy Metal) stark zu kritisieren wäre, nämlich ein krasser Sexismus[7], der die Frau zum Sexualobjekt degradiert und ein Macho-Bild vom Mann zeichnet, wird interessanterweise von konservativ-christlicher Seite gar nicht bemängelt. Wahrscheinlich ist man sich hier eben näher als geahnt ...

Was die theologischen Argumente betrifft, so habe ich meine Einwände gegen ein Schöpfungsordnungsdenken bereits formuliert (vgl. S. 75) und möchte darüber hinaus vor allem die kopflastige Leibfeindlichkeit hinterfragen, die hinter vielen ablehnenden Voten steht. Natürlich ist die christliche Botschaft unvereinbar mit demagogisch-massenpsychologischen Suggestionstechniken, wie sie durchaus auch in großen Rockkonzerten vorkommen. Daß jedoch jede körperbezogene rhythmische Musik an sich schon unchristlich sei und die Hörer manipuliere, ist schlicht Ideologie, die durch dauernde Wiederholung nicht wahrer wird. Ich kann hier nur nochmals auf Paulus verweisen, der von der christlichen Freiheit ausgeht, gleichzeitig jedoch dazu aufruft, eindeutigen Götzendienst zu meiden (1. Kor. 10, 14).

Daß die christliche Freiheit und ihre Begrenzung bei der Erziehung von Jugendlichen oft von den Eltern oder Pädagogen stellvertretend ausgeübt werden muß, weil die Heranwachsenden die Folgen ihrer Entscheidungen noch nicht überblicken können, darin liegt das eigentliche Problem im Umgang mit der Rockmusik. Denn weil Rockmusik zu *dem* Symbol des Generationenkonflikts geworden ist, erreichen Eltern durch Hörverbote etc. meist genau das Gegenteil dessen, was sie wollen. Wer seine Kinder vor möglicher negativer Beeinflussung durch übermäßigen Rockmusikkonsum oder okkulten Rock bewahren will, sollte am besten selbst Rock hören, sich gut informieren, die Urteilsfähigkeit der Kinder z.B. durch eine aktive popmusikalische Ausbildung stärken und gemeinsam an den Ursachen schwelender Generationenkonflikte arbeiten.

Weil es schwarze Schafe im Rockbusiness gibt und manchmal unchristliche Werte verbreitet werden, ist deshalb für Christen noch längst nicht alle Rockmusik tabu. Und einige Stars der Rock- und Popbranche sind durchaus nicht die schlechtesten Vorbilder für die Jugendlichen (z.B. Cliff Richard). Nicht die Rockmusik an sich hat verderblichen Einfluß. Es kommt darauf an, was man und frau daraus macht.

Rock-Ekstase als primitives Stammesritual?

Rockkonzerte haben bisweilen den Charakter von Ritualen, die an religiöse Zeremonien der Urvölker erinnern. Die Musiker auf der Bühne sind dann die Schamanen der Gegenwart, magische Heiler, Priester und Techniker der Ekstase.[8]

Der Konzertsaal wird zum Tempel einer regressiven Trance-Religion – Jimmy Hendrix: »Meine Musik ist elektronische Kirchenmusik. Wenn Sie unter ›Kirche‹ Religion verstehen, dann bin ich allerdings eine elektronische Religion, das heißt ein Religionsstifter.«[9] Durch den alles umfassenden lauten Sound wird die Fangemeinde zu einer klingenden Einheit zusammengeschweißt, findet die Initiation in den Mythos der Traumwelt statt. Aber auch der Starkult und der Hausaltar (sprich die Hi-Fi-Anlage) oder der Kult der Körperlichkeit im Tanz (Disco) besitzen religiöse Dimensionen.[10] Rock- und Popmusik trifft sich mit der New Age-Meditationsmusik darin, daß sie für viele zu einer Möglichkeit innerweltlicher Erlösung geworden ist. Damit wird die christliche Erlösungssehnsucht im Zeitalter des Säkularismus einerseits aufgenommen und andererseits in eine rein innerweltliche, jetzige Erfüllung umgebogen.[11] Solche »erlösende« Musik ist Teil einer Gegenbewegung gegen eine technisch-rational vereinseitigte Moderne, die alle metaphysischen Erfahrungen aus dem Alltag verbannt hat. (Zur theologisch-ethischen Diskussion dieses Sachverhaltes sei auf mein Buch »Urklang der Zukunft« verwiesen.)

Die religiös-rituelle Aufladung von Popularmusik läßt sich nun verschieden bewerten, entweder negativ als Flucht aus der Wirklichkeit der Moderne oder positiv als Wiederverzauberung einer nackt und kalt gewordenen Welt.

In Anlehnung an den Musiksoziologen und Philosophen Theodor W. Adorno wird die Funktion der Popularmusik meist negativ darin gesehen, »die sozialpsychologischen Defizite der modernen Industriegesellschaft aufzufangen, ohne etwas an diesen Defiziten real zu verändern. Sie ist also ein Trostpflaster, das nicht heilt, sondern allenfalls lindert und betäubt.«[12] Die rhythmisch-kollektive Regression durch Popularmusik biete »bloße Ersatzbefriedigung«[13] und sei Droge, löse also nicht die eigentlichen Probleme.

Die positivere Deutung dagegen sagt: Popularmusik ermöglicht die therapeutische Spannungsabfuhr vom alltäglichen Arbeits- oder Beziehungsstreß (Katharsis-Theorie), sie dient durch musikalische Regression der Wiedergewinnung verlorengegangener Urerfahrungen und der Wiederaneignung abgespaltener Sinnlichkeit. So verstehen Peter Spengler und Helmut Voullième die Rockmusik »als Quelle von Phantasie und Energie«[14], sie habe die Funktion einer legitimen »ästhetischen faszinierenden ›Traumzeit‹«[15] und könne dem einzelnen »bislang noch unentdeckte Bereiche seiner Subjektivität zugänglich machen«[16]. Popularmusik kann damit Lebenshilfe sein und zum Aufbau der Identität beitragen – dies allerdings nur, wenn sie nicht besinnungslos im Übermaß konsumiert, sondern wie nützliche Medikamente wohldosiert eingesetzt wird.

Auch populäre christliche Musik kann diese regressiv-therapeutische Funktion erfüllen, solange sie lediglich als *ein* Teilelement der Lebensbewältigung verstanden wird und man nicht die letzte Erlösung von ihr erwartet.

Massenästhetik: Strategie im Konsumterror oder basisdemokratische Gegenkultur?

Auch wenn die gegenwärtige musiksoziologische Fachdiskussion längst die Verdikte Th. W. Adornos gegen die Unterhaltungsmusik überwunden hat, begegnen seine Argumente noch häufig in Diskussionen mit Kirchenmusikern wie Theologen und können daher weiterhin als exponierte Position zitiert werden.[17] Nach Adorno dient Popularmusik der Masse als Fetisch, das heißt als ein Gegenstand, auf den ein Wert projiziert wird, dem in Wirklichkeit gar kein realer »Gebrauchswert« entspricht. Der bloße Konsum von Popularmusik werde zum Wert an sich. Genau durch diese Haltung aber sei die Masse Opfer der kapitalistischen Musikindustrie, die ihre Adressaten aufs flache Amüsement fixiere, ihnen durch Werbung schlechte Musik aufschwatze, um sie so bewußt in der Unmündigkeit zu halten und den gesellschaftlichen Status quo zu bewahren. Wenn sich die Masse über solcherart angebotene Unterhaltungsmusik auch noch freue, so sei dies eine sadomasochistische Betriebsblindheit, ähnlich dem Gefangenen, der seine Zelle schließlich liebe, weil er nichts anderes kenne.[18] Die Musikindustrie zwinge ihren Opfern eine regressive musikalische Trümmersprache aus Relikten vergangener Kunstformen auf und halte sie »in ihrer neurotischen Dummheit«[19] fest. Popularmusik, vor allem der Schlager, ist demnach nach Adorno Bewußtseinsverstümmelung, untergräbt die Emanzipation der Menschen zur Freiheit und verletzt damit die Menschenwürde[20]. Einzig die fortgeschrittene Kunstmusik trägt dagegen zur Befreiung der Menschheit bei.

Adorno wendet die ästhetischen Kategorien der Kunstmusik unbesehen auf alle populäre Musik an und kann daher nur den eklatanten Unterschied zwischen beiden Sparten feststellen. Verbunden mit der Vorstellung, daß der musikindustrielle Komplex die breite Bevölkerung fest im Griff habe, ergibt sich die fatale Folgerung, daß alle populäre Musik nur der Systemstabilisierung des Kapitalismus diene und die Freiheit unterdrücke. Adorno geht darüber hinweg, daß es ein humanbiologisches Unterhaltungsbedürfnis gibt, und daß Massenmusik als Sozialtherapie dienen kann, die gerade die Freiheitsfähigkeit der Menschen stärkt, indem sie ihnen Kraft zum Widerstand vermittelt (z.B. im Protest-Rock).

Inzwischen ist durch empirische Untersuchungen nachgewiesen worden, daß der Konsum von Popularmusik keineswegs immer zu unmündiger Passivität führen muß, sondern im Gegenteil erstaunlich viel Eigenkreativität freigesetzt hat, z.B. durch Gründung unzähliger Amateurbands.[21] Auch hilft Popularmusik keineswegs immer zur Anpassung an die Gesellschaft, sie kann eine Form sprachloser Opposition sein, einer »*Opposition in der Gesellschaft und mit den Mitteln der Gesellschaft gegen die Gesellschaft*«[22] (etwa im Reggae). Ihr kommunikativer Charakter ermöglicht teils echte Verständigung über die gemeinsame Lebenswelt, z.B. in Fanclubs etc. Vor allem ist die auf Tanz und Bewegung abzielende Seite der Popularmusik nicht nur Flucht aus eigenverantwortlichem, aufgeklärtem Denken, sondern eine notwendige Ergänzung zur kopflastigen Arbeitswelt. Meines Erachtens sollten wirklich allgemein-ganzheitlich-gebildete Menschen auch tanzen lernen (nicht nur Standard, sondern auch frei-ekstatisch)!

So kann Popularmusik, und damit auch christliche Popularmusik, Lebenshilfe im Alltag sein. Sie ist zwar kein höheres Bildungsgut und weder Bestandteil autonomer Kunst noch Inbegriff basisdemokratischer Gegenkultur, sie bewirkt auch nur selten echte Existenzveränderung im Sinne einer reflexiven Neugestaltung der eigenen Lebenswelt, sie dient jedoch als entlastende emotionale Stütze im Umgang mit einer immer komplexer werdenden Wirklichkeit. Wenn das Hören von Popularmusik nicht die einzige Weise von Musikerfahrung ist und der ästhetischen Verengung auf Pop- oder Rock durch aktives Musizieren und klassische (Hör-)Ausbildung entgegengewirkt wird, dann kann der begrenzte Konsum von Popularmusik durchaus einen Beitrag zur sinnvollen Lebensgestaltung leisten.

We don't need no education – Hinweise zum Einsatz von Rock- und Popmusik im Religions- und Konfirmandenunterricht

Pfarrerinnen und Pfarrer sowie Religionspädagogen haben es wahrlich nicht leicht: Sie wollen den Schülern oder Konfirmanden eine andere, bessere und tiefere Wirklichkeit vermitteln und können dies nur, indem sie an der Lebensrealität der Schüler anknüpfen, die häufig (jedenfalls dem Anschein nach) mit Religion oder christlichem Glauben nicht mehr das geringste zu tun hat. Erschwerend kommt hinzu, daß die wenigsten Kinder und Jugendlichen freiwillig im Religions- und Konfirmandenunterricht sitzen. Entsprechend ist das Rollenverständnis christlicher Pädagogen: Nicht wenige versuchen sich im Spagat zwischen Showmaster und Lebensberater, ringen um immer neue Konzepte, die das Interesse der Schüler erregen, und bemühen sich darum, christliche Lehre glaubwürdig weiterzuvermitteln. Rock- und Popmusik ist wichtiger Bestandteil der Lebenswelt der Kinder und Jugendlichen. So liegt es nahe, sie im Unterrichtsgeschehen einzusetzen. Dazu gibt es theoretische Studien, Empfehlungen und Erfahrungsberichte, die im Literaturverzeichnis aufgeführt sind und auf die ich mich im folgenden stütze.

Zunächst gilt es, eine Grundfrage zu klären: Kann Rock- und Popmusik »als triviale Kunstform Bildungsprozesse fördern, oder beschränkt sie sich auf ihre Unterhaltungsfunktion?«[1] Ist sie also nur das Bonbon nach (oder auch vor) getaner inhaltlicher Arbeit, oder kann sie selbst zum Unterrichtsgegenstand und Bildungsgut werden? Die Antwort hängt vom jeweiligen Bildungsbegriff ab.

Weder für das klassisch-ästhetische Bildungsideal Humboldts noch für ein Verständnis von Bildung als kritischer Durchdringung und Reflexion der Lebenspraxis (etwa im Sinne Th. W. Adornos) ist populäre Konsummusik ein geeigneter Unterrichtsinhalt. Denn sie steht für einen vorwiegend nicht-intellektuellen, ja geradezu anti-rationalen Umgang mit der Realität und trägt kaum dazu bei, die objektive Welt in ihrer Vielfältigkeit und Widersprüchlichkeit differenziert zu erfassen.

Auch wenn Rock- und Popmusik demnach nicht zu den höheren Bildungsgütern zu rechnen ist, ist über ihren Einsatz im Unterricht damit noch längst nicht entschieden. Als eine Form des Alltagswissens und als wichtiger Faktor der Identitätsbildung von Jugendlichen sind alle Formen populärer Musik ernstzunehmen, wobei die Rockmusik sicherlich eine herausragende Stellung einnimmt. Religiöse Erziehung kann nicht von dieser Prägung durch den alltäglichen Umgang mit Musik abstrahieren. Darüber hinaus sollte die musikalische Alltagswelt der Schüler selbst als Thema im Religionsunterricht aufgegriffen werden.

In punkto Rockmusik befindet sich allerdings jeder Pädagoge in einem schweren Dilemma: Da die progressiven Rock-Richtungen Mittel der Identitätsbildung und der Abgrenzung von Jugendlichen gegenüber der Erwachsenenwelt sind, erscheint eine didaktische »Vereinnahmung« dieser Musik den Schülern möglicherweise als heimtückischer Angriff auf die eigene Gegenkultur. Das könnte vor allem dann zu Aggressionen führen, wenn diese Musik mit dem rational-analytischen Methodenarsenal der Erwachsenenwelt untersucht werden soll (etwa durch Textanalyse). Es gilt also zu beachten, daß »jeweils gerade populäre, von den Schülern favorisierte Titel für eine solche Betrachtung ungeeignet sind, weil ihre aktuelle sozialpsychologische Funktion eine problematisierende Reflexion und systematische Analyse unmöglich macht... Deshalb muß generell vor der Einbeziehung jeweils aktueller Hits aus den Charts gewarnt werden, auch wenn die Schüler sie wünschen.«[2]

Ob sich also Rockmusik für pädagogische Zwecke einspannen läßt, kann nur konkret angesichts der jeweiligen Zielgruppe entschieden werden.

Die Verwendung und die Behandlung populärer Musik innerhalb des Religions- und Konfirmandenunterrichts könnte folgenden Richtlernzielen dienen:

- Die Schüler sollen ganzheitlich, das heißt leiblich, psychisch und intellektuell, die Botschaft Jesu Christi erleben und selbst ausdrücken können.
- Durch gemeinsames Musizieren soll das Gemeinschaftsgefühl der Schüler verstärkt werden.
- Die Schüler sollen mit den Möglichkeiten musikalischer Alltagskultur verantwortlich umgehen können.
- Die Schüler sollen zwischen den Trivialmythen der Popmusik und der Realität unterscheiden und religiös-rituelle Elemente sowie Werthaltungen in der Rock- und Popszene erkennen und kritisch einordnen können.
- Die Schüler sollen bewußter zu- und hinhören und damit die Umwelt insgesamt differenzierter wahrnehmen können.
- Die Schüler sollen wissen, daß das Evangelium in unterschiedlichsten kulturellen Formen und eben auch mit Mitteln der Popästhetik ausgedrückt werden kann.

Diese Ziele lassen sich verschiedenen Themen der Lehrpläne zuordnen, altersmäßig bieten sich vor allem die Mittelstufe und die Oberstufe an. Folgende Methoden könnten dabei im Unterricht zur Anwendung kommen:

1. Das aktive gemeinsame Musizieren, also das Singen und Spielen neuer Lieder steht an erster Stelle und ist in allen Al-

tersstufen gleichermaßen wünschenswert. Bleibt man und frau realistisch, so ist zuzugeben, daß vor allem in den Städten schon ab der 5. Jahrgangsstufe die Lust zu singen enorm schwindet und das gemeinsame Singen in der Oberstufe meist nur noch Peinlichkeiten heraufbeschwört. Das ist auch eine Folge des massenhaften Konsums perfekt produzierter Popmusik.

Nicht unwichtig ist die Art der Instrumentalbegleitung. Eine einfache Gitarrenstimme senkt möglicherweise die Hemmschwellen, die Melodie mitzusingen, während eine vollausgestattete Band primär zum Zuhören einlädt. Das Singen zur Platte sollte nur ein Notbehelf sein, werden doch damit die typischen Rahmenbedingungen der Konsummusik im Unterricht reproduziert.

Wichtig ist, daß Sie sowohl altbewährte traditionelle wie neuere Lieder und wirklich brandaktuelle Lieder singen lassen (auch wenn es sich um »Eintagslieder« handelt). Erkundigen Sie sich nach dem Liedrepertoire der ortsansässigen Jugendgruppen! Vielleicht läßt sich im Anschluß ans Singen durch eine kritische Bemerkung zu Texten (die Sie z.B. für theologisch problematisch halten) oder zur Musikgestalt eine Diskussion entfachen.

2. Eine Steigerung der Eigenkreativität besteht darin, daß die Schüler selbst einen Song produzieren oder einen neuen Text auf eine vorhandene Melodie entwerfen. Das kann zu einem vorgegebenen Thema in Gruppenarbeit geschehen.

3. Unter günstigen Umständen ist auch die Erarbeitung von dramatischen und tänzerischen Formen zu Popmusik denkbar, etwa die Einstudierung und Aufführung eines einfacheren Singspiels (z.B. von Ludger Edelkötter oder Peter Janssens) oder von Spielliedern. Am besten geschieht dies in Zusammenarbeit mit dem Schulmusikunterricht. Die Schul-

gottesdienste könnten dabei Zielpunkte einer längeren krea-
tiven Arbeitsphase sein.

4. Viele Religionslehrer setzen populäre Meditationsmusik
(von Kitaro oder Gheorghe Zamfir) am Beginn der Unter-
richtseinheiten zur Beruhigung der Schüler ein. Man sollte
sich dessen bewußt sein, daß hier Musik zur »Droge« wird
und dies nicht anders zu bewerten ist als die permanente musikalische Berieselung durch Walkman oder Plattenspieler
während der Erledigung der Hausaufgaben. Jedenfalls darf
diese Methode der »Ruhigstellung« nicht die einzige Art der
Verwendung von Musik im Unterricht bleiben. Das würde
eine einseitig passive Hörhaltung zementieren.

5. Rock- und Popsongs können als thematischer Impuls, zur
Steigerung der Motivation oder als Zusammenfassung einer
Lehreinheit vom Tonträger abgespielt werden. Sie liefern
Stichworte, Merksätze oder Fragen, die in das Unterrichtsge-
schehen einführen, es abschließen oder zwei Unterrichtsein-
heiten miteinander verknüpfen.

6. Rock- und Popstücke können selbst Unterrichtsgegenstand werden. Denkbar sind z.B. Einheiten zu Themen wie
»Musik und Sozialkritik am Beispiel Frank Zappas«, »Religiosität in der Rockmusik« (Textbeispiele bei Rolf Tischler
und Günther Klempnauer), »Christlicher Glaube und rhythmische Ekstase«, »Rockmusik und Sexualität«, »Christliche
Rock- und Popmusik«. Dabei ist es aus den obengenannten
Gründen durchaus empfehlenswert, im Stilbereich des Rock
auf Werke zurückzugreifen, die schon etwas älter sind und ihren Charakter als Inbegriff jugendlicher Gegenkultur bereits
teilweise verloren haben (z.B. die Rockopern »Thommy« von
The Who oder »Jesus Christ Superstar« von Andrew L. Web-
ber und Jim Rice). Christliche Popmusik sollte dagegen mög-

lichst aktuell sein, da sie ohnehin ein wenig dem stilistischen Trend hinterherhinkt.

Als Methode bietet sich hier zunächst die Textanalyse an, sie sollte jedoch durch andere Vorgehensweisen ergänzt werden (etwa die Stichwortassoziation nach dem Hören eines Stükkes; ästhetische Bewertung von LP-Covers etc.).

7. Die Vermarktungsstrategien der Rock- und Popmusik können kritisch zum Unterrichtsthema gemacht werden. Aufklärung über die Funktion von Starkult und Trivialmythen gehört meines Erachtens mit zu den Aufgaben des Religionsunterrichtes (dies vor allem in höheren Jahrgangsstufen). Die Abhängigkeit von passivem Mythen-Konsum »muß durch behutsame Entmythologisierung, vor allem aber durch Anbieten echter alternativer (z.B. christlicher) Leitbilder überwunden werden, die nicht passiv konsumiert, sondern aktiv verarbeitet und – der eigenen Individualität entsprechend modifiziert – als Normen internalisiert werden und kreatives Gestaltungspotential freisetzen, statt es zu verschütten«[3]. Die positiven Möglichkeiten zur Lebensbewältigung durch den dosierten und verantwortungsvollen Konsum von Popularmusik oder durch aktives Musizieren sollten aufgezeigt werden. Es müßte deutlich werden, daß christliche Ethik auch für den Umgang mit der Alltagskultur Orientierungskriterien anbietet.

8. Schließlich bieten die Biographien von Rock- und Popstars viele Anknüpfungspunkte für Themen des Religions- und Konfirmandenunterrichts. Hierbei können anders als bei Musik- oder Textbeispielen nur wirklich aktuelle und den Schülern bekannte Stars herangezogen werden. Erich Nestler berichtet z.B. über die Verwendung der Autobiographien von Michael Jackson und Nina Hagen im Religionsunterricht der Berufsschule. Beide Bücher (1988 erschienen) enthalten

104

Hinweise auf religiöse Vorstellungen. Unter der Leitfrage »Kann man so von Gott reden?« wurden die Aussagen der zwei Stars miteinander verglichen und vor allem Nina Hagen kritisch hinterfragt.

Zu berücksichtigen ist jedoch, was E. Nestler zum Abschluß seines Berichtes schreibt: »Mit ziemlicher Sicherheit werde ich die beiden Musiker, ihr Leben und ihre Ansichten, in künftigen Schuljahren nur gelegentlich zur Illustration erwähnen. Popstars sind Eintagsfliegen, und wenn man ihre meist nur kurze Zeit des Starruhms für Unterrichtszwecke künstlich verlängern will, wirken sie, wahrscheinlich nicht allein für die Schüler, langweilig. Dann ist man mit seiner Unterrichtsmotivation wieder da angelangt, wo man schon vorher war. Für lebendigen Unterricht gibt es kein billiges Erfolgsrezept. Wer Jugendlichen das Evangelium schmackhaft machen will, muß sich immer wieder etwas Neues einfallen lassen.«[4]

Ich werfe meine Fragen hinüber –
Wie es weitergehen könnte

Dieses Buch – Sie erinnern sich – begann mit einer Einladung zu einer Stehparty. Vielleicht haben Sie das lange Stehen schon längst satt und wollen sich gern in Ihren alten Ohrensessel setzen und gemütlich zurücklehnen. Vielleicht lassen Sie sich aber auch noch zu einem weiteren Trip in die Zukunft animieren, schieben Ihren Sessel einfach in die Ecke und gesellen sich zu einer gemeinsamen Segeltour unter dem Motto »Ein Schiff, das sich Gemeinde nennt...«. Bleibt nur noch die Frage zu klären: »Wie finden wir den rechten Kurs zur Fahrt im weiten Meer?«

Als ich im März 1986 von der »Jubila«, dem Kongreß für evangelistisches Singen und Musizieren in Hannover, zurückfuhr, war ich bei allen Vorbehalten gegen Teile der Programmgestaltung von der Grundidee dieses Treffens fasziniert: Verschiedenste Musikgruppen und Einzelinterpreten, Fachleute wie interessierte Laien hatten sich unter dem Thema »Leben mit Christus – Singen vom Leben« unter einem Dach versammelt, um aufeinander zu hören und voneinander zu lernen. Von erwecklichen Jugendchorliedern bis zu einer Mitsingkantate von Kirchenmusikdirektor Prof. Rolf Schweizer reichte das musikalische Spektrum. Leider waren, obwohl eingeladen, kaum Kirchenmusiker und Sacropopmusiker gekommen. Mein Bericht von diesen Tagen für das heimische Band-Infoblatt endete damals mit einem Aufruf: »Wir bräuchten solch einen Markt der musikalischen Möglichkeiten von Verkündigung auch im Raum unserer bayerischen Landeskirche (unter Einschluß der Freikirchen). Das Beispiel Prof. Schweizers sollte uns Mut machen, den Brückenschlag zwischen traditioneller Kirchenmusik und evangelistischer Popmusik zu wagen. Die Arbeitsgemeinschaft christlicher Popmusik, der Kirchenmusikverband, der Posaunenchorverband, der Kirchenchorverband, Verlage und alle weiteren Interessierten sollten sich auf Dekanats- wie auf Landesebene zu Treffen zusammenfinden. Diese könnten auf die aufwendigen Shows der ›Jubila‹ verzichten und doch vielfältigen Gewinn für die Gemeinden bringen.«[1]

Nun, die »Jubila« war gleich ein gewaltiger Ozeandampfer, und der alsbaldige (finanzielle) Schiffbruch zog manch guten Vorsatz mit in den Strudel hinab. Deshalb schlage ich eine etwas bescheidenere und ökologische Tour mit der Segelyacht vor, am besten zunächst in kleinen überschaubaren Zirkeln und ohne den Druck öffentlicher Großveranstaltungen, bei denen ja auch immer das eigene Klientel mit entsprechend eindeutigen Äußerungen bedient werden will. Ich denke an ein jährliches Arbeitstreffen von Aktiven aus allen Sparten geistlicher Musikkultur. Unter der Maxime »Ich werfe meine Fragen hinüber wie ein Tau von einem Schiff ans Land«[2] ginge es zunächst einmal darum, die anderen in ihrem Selbstverständnis kennenzulernen, um dann zu den gegenseitigen kritischen Anfragen überzugehen.

Selbstverständlich gab es schon eine Reihe von Spezialistengesprächen, z.B. bei Akademietagungen oder bei der Arbeitsgemeinschaft Musik in der evangelischen Jugend. Aber um den großen runden Tisch sollten vor allem die Praktiker der Basisarbeit sitzen.

Neben solchen »multilateralen« sind die »bilateralen« Begegnungen von großer Bedeutung. Peter Janssens hat während eines Studienkurses der VELKD im September 1989 in Pullach (»Kirchenmusik an großen Kirchen«) über »Kirchenmusik heute – Musik der Kirche heute?« vor Kirchenmusikern referiert und dabei kritische Anfragen formuliert: »Liege ich richtig, wenn ich behaupte, daß die evangelische Kirchenmusikerschaft, wie die katholische, sich mehrheitlich dem cäcilianischen Denken verpflichtet fühlt, daß die Kirchenmusik für sie ein in sich geschlossener Raum ist, der sich selbst pflegt und sich selbst genügt, gelegentlich zur Verschönerung der Liturgie beiträgt, die Kirchenmusik aber nicht als integralen Bestandteil der Liturgie betrachtet? Ist das der Grund dafür, daß sich die Kirchenmusiker und ihre Ausbildungsinstitute, bis auf wenige, seit 20 Jahren konstant wehren, die Versuche neuer Liturgie, neuer Lieder und neuer Formen von Gebet und Meditation wahrzunehmen oder sie gar zu unterstützen? Könnte es sein, daß die Kirchenmusiker ihre Pflicht, für alle geistliche Musik verantwortlich zu sein, grob fahrlässig verletzen, indem sie sich um die etwa 2000 Jugendchöre, Bands und Musikgruppen gar nicht oder eher ablehnend kümmern? Sind ihnen die ca. 50 000 meist jungen Menschen – zugegeben die manchmal Armen und Schwachen in der Musik – nichts wert?«[3] Und Janssens spart im weiteren nicht mit unbequemen Fragen zur Weltverantwortung der Kirche und der Kirchenmusik. Die Antworten und Gegenfragen der Anwesenden werden auch nicht gerade zimperlich gewesen sein. Trotzdem faßt Janssens als ein gemeinsames Ergebnis zusammen: »Die Kirchenmusik könnten wir mit einem Segelschiff vergleichen. Am vorderen Mast hängt das Segel des Artificiums, die große Konzertmusik mit Oratorien, Messen, Orgelkonzerten, am hinteren Mast das Populäre mit Liedern der Gemeinde, Chorälen, den Posaunen, Jugendchören, kurz – der lebendigen Liturgie. Gefahr droht dem Schiff, wenn es mittschiffs auseinanderbricht.«[4] (Dabei konnte es sich Janssens nicht verkneifen, am Rand noch listig hinzuzufügen: »Merke: Das Ruder ist meist hinten!«)

Die Mann- und Frauschaft, die da im Schiff gemeinsam unterwegs ist, besitzt ein oft noch gar nicht ausgeschöpftes, ungemein reiches und vielfältiges Potential an Begabungen und Fähigkeiten. Dieser pluralistische Markt der Möglichkeiten ist nach Paulus gottgewollt und geistgestiftet, solange sich

dieser weite Kreis auf die Mitte der Gottes- und Nächsten-
liebe konzentriert und zum Gemeindeaufbau beiträgt.

Vom innersten Zentrum, Jesus Christus, her gesehen, lassen
sich dann auch verzerrte Wahrnehmungen populärer christlicher Musik (vgl. das Vorwort) durch eine realistischere Sicht
ersetzen:

– Der Missionserfolg von Evangelisationsveranstaltungen
  läßt sich auch durch Popstrategien von menschlicher Seite
  nicht sicherstellen.

– Populäre christliche Musik bedeutet nicht den Untergang
  der abendländischen Kultur und ist kein Werkzeug des
  Teufels, sie leistet vielmehr ihren klar begrenzten kulturellen Beitrag zum Aufbau der Gemeinden.

– Die uneingeschränkte Solidarität Jesu mit den Armen dieser Welt kann in ihrer Dramatik auch durch Stilelemente
  der Popmusik nur sehr unvollkommen wiedergegeben
  werden – sie will in der Nachfolge gelebt werden.

– Popularmusik ist als eine der Charismengaben aber auch
  nicht unwichtig oder weniger wertvoll als andere Geistesgaben. Sie dient als ein Element unter vielen der Kultur
  des Leibes Christi, der Gemeinschaft der vom Geist Christi
  Ergriffenen. Mit den anderen Gliedern des Leibes teilt sie
  sich die Arbeit – dabei auftretende Streitigkeiten werden in
  der Form des konziliaren Gesprächs aller Beteiligten ge-
  klärt.

Konkret bedeutet dies, daß z. B. über die Frage der Finanzie-
rung von Bands, Jugendchören und Liedermachern mit landeskirchlichen Stellen verhandelt werden muß, daß die bereits bestehenden Fortbildungsmaßnahmen verschiedener
Trägervereine besser koordiniert werden sollten, daß evangelikale und liberale Christen durch gemeinsame Konzertveranstaltungen einander näher kommen könnten und daß endlich eine tragfähige Brücke über den Graben zwischen Kir-

chenmusikern und Popularmusikern gebaut würde. Dazu haben Winfried Dalferth und seine Freunde von der Interessengemeinschaft Liedermacher eine packende Realutopie entwickelt: die Idee eines zentralen »Instituts für christliche Popularmusik« für den Gesamtbereich der EKD. Hier könnten sich alle Interessierten, vor allem jedoch Kirchenmusiker in Kompaktkursen fortbilden, würden musikmissionarische und liturgische Konzeptionen entworfen, Tonträger archiviert und vieles andere mehr . . .

In einer ökologisch gefährdeten und wirtschaftlich höchst ungerecht strukturierten und explosiven Welt könnte geistliche Musik in versöhnter Verschiedenheit von Gregorianik bis White Metal ein Signal für eine andere, bessere und tiefere Wirklichkeit setzen: Christliche Musik könnte zum Symbol für Verständigung zwischen Völkern, Rassen, Konfessionen, Generationen, Mann und Frau und für Gottes allumfassenden Shalom werden, sie könnte im Gottesdienst des Alltags therapeutische und diakonische Lebenshilfe leisten, prophetischen Protest gegen alle Ungerechtigkeit und die Zerstörung der Natur artikulieren und als freies Spiel der Kinder Gottes in der Sprache des Heiligen Geistes den Klang der neuen Schöpfung erahnen lassen.

Anmerkungen

Protest, Profit und Lebenshilfe

1 Vgl. M. von Schoenebeck, Was macht Musik populär? Untersuchungen zu Theorie und Geschichte populärer Musik, Frankfurt/M., Bern, New York, Paris 1987 (Europäische Hochschulschriften, Reihe XXXVI D. 31), 9ff; R. Flender/H. Rauhe, Popmusik. Aspekte ihrer Geschichte, Funktionen, Wirkung und Ästhetik, Darmstadt 1989, 11ff.

2 P. Spengler, Rockmusik und Jugend, Bedeutung und Funktion einer Musikkultur für die Identitätssuche im Jugendalter, Frankfurt/M. 1987 (Wissen & Praxis, 11), 164.

3 Vgl. Rolf Tischer, Religiöse Zeitzeichen in der Rock- und Popmusik, EZW-Texte Information Nr. 109 (V/1989), Stuttgart 1989; Günther Klempnauer, Ich will raus, Jugend und Rockmusik der 50er bis 80er Jahre. Interviews und Reportagen, Brockhaus-Tb., Wuppertal ²1988.

Der Fisch im Popgewand

1 H. Rauhe/R. Flender, Schlüssel zur Musik, Düsseldorf, Wien 1986, 20.

2 Vgl. H. Rauhe/R. Flender, a.a.O., 172ff.

3 Vgl. L. Zenetti, Heiße (W)Eisen, Jazz, Spirituals, Beatsongs und Schlager in der Kirche, München 1966, 299ff.

4 Den Hinweis auf Zinzendorf verdanke ich Manfred Siebald, vgl. ders., ». . . daß man es eine Liederpredigt hätte nennen mögen«: Möglichkeiten des evangelistischen Konzertes, in: Klaus Teschner, Die Botschaft von der freien Gnade: Evangelisation in unserer Zeit. Festschrift für Johannes Hansen zum 60. Geburtstag, Neukirchen-Vluyn 1990, 124-136.

5 Vgl. den Überblick über verschiedene Formen bei M. Siebald, a.a.O.

6 Der vollständige Text des Liedes ist abgedruckt im Kirchentagsliederheft Frankfurt '87 Nr. 92.

7 Strophe 2 des Liedes »Das könnte den Herren der Welt ja so passen / Anderes Osterlied«, Text: Kurt Marti, Melodie: P. Janssens, vollständig abgedruckt im Kirchentagsliederheft '87 Nr. 12.

1 In: Helmut Köster, Ein Interview zur Situation der christlichen Musiker in der DDR mit Gottfried Schreiter, in: Pack's 8. Jg. (1988) Nr. 7/8, 21.

2 Martin Rößler, Mit Lust und Liebe singen – Luthers Lieder einst und heute, in: Musik und Kirche 54. Jg. (1984), 109-127, 111. Der Text des Liedes ist zu finden in: Karin Bornkamm und Gerhard Ebeling (Hg.), Martin Luther. Ausgewählte Schriften, Bd. 5, Kirche, Gottesdienst, Schule, Frankfurt/M. 1982, 259ff.

3 G. Hegele, Neue Lieder durch Preisausschreiben? Viermal Tutzing und die Folgen, in: A. Juhre (Hg.), Singen um gehört zu werden. Lieder der Gemeinde als Mittel der Verkündigung. Ein Werkbuch, Wuppertal 1976, 25-37, 25.

4 Fantasie für Gott, Gottesdienste in neuer Gestalt, im Auftrag des DEKT hrsg. von Gerhard Schnath, Stuttgart, Berlin 1965; Lothar Zenetti, Heiße (W)Eisen, München 1966; Rochus Hagen, Jazz in der Kirche? Zur Erneuerung der Kirchenmusik, Stuttgart, Berlin, Köln, Mainz 1967.

5 Fietz 1969 »Countdown zur neuen Welt«, Jugend-für-Christus-Chor schon ab 1966, bekannt vor allem 1970 »Amen«; Christussänger 1971 »Der Weg zur Freiheit«; Manfred Siebald 1972 »Da steh ich nun«.

6 Jochen Schwarz gibt beim Hänssler-Verlag seit 1965 die Noten-Reihe »Bausteine für den Gottesdienst« heraus (bis heute), die Arrangements zu neuen Liedern enthält. Hänssler verlegt außerdem das für evangelikal-erweckliche Chorgruppen wichtige Chorliederbuch »Jesu Name nie verklinget« (bis 1989 Band V), und der Regensburger Verlag Bosse druckt neben den Ergebnissen der Tutzinger Preisausschreiben und des Kirchentags 1965 auch weitere Liedsammlungen bzw. Arrangementhefte.
Offizielle Liederanhänge: »Neue Lieder«/Württemberg, »Anhang 71«/Baden und Pfalz, »Lieder unserer Zeit«/Rheinland, »Liederheft 72«/Bayern u.a.

7 Zu nennen wären noch: Inge Brück, Hella Heizmann, Manfred Siebald, neben bereits bekannten Textern wie Peter Strauch und Johannes Jourdan nun Jürgen Werth und Andreas Malessa; an Bands z.B. »Semaja« und »Theophiles« u.v.a.

8 »Exodus«, »Habakuk«, »Impulse«, »Jericho«, »Studiogruppe Baltruweit«, »Zündhölzer« u.a. Wichtige Texter: Wilhelm Willms, Eckhart Bücken, Hans-Jürgen Netz und A. Albrecht.

9 Seit 1971 werden von SINGLES Wochenendkurse auf Diözesanebene zur Fortbildung von Jugendchorleitern, Sängern und Instrumentalisten abgehalten. Seit 1977 gibt der Arbeitskreis auch Lied-
   blätter heraus, die gelungene Beispiele des Neuen Geistlichen Liedes vorstellen sollen. Als Komponisten sind zu nennen: Heinz Martin Lonquich, Hans Florenz, Winfried Heurich, Winfried Offele.

10 K.-P. Chilla, Situation und Möglichkeiten neuer Lieder im Gottesdienst, in: Musik und Kirche 48. Jg. (1978), 277-284.

11 Hauptberuflich tätig: Inge Brück, Hella und Klaus Heizmann, Siegfried Fietz, Helmut Jost und andere ehemalige Damaris Joy-Mitglie-
   der, Jonathan Böttcher und Laurant Quiros; Journalisten: Lui Knoll
   und Jan Vering; in kirchlichen Diensten: Clemens Bittlinger, Hans-
   Jürgen Hufeisen bis 1989; sozial-pädagogisch oder wissenschaftlich
   tätig: Arno Backhaus, Manfred Siebald etc.
   Zu den Newcomern der achtziger Jahre mit größerem Publikumser-
   folg zählen neben den bereits erwähnten Musikern die Sängerinnen
   Nicole Vogel und Cae Gaunt, die Sänger Hauke Hartmann, Johannes Nitsch, Henning Rauhut und Christian Loer, der Gitarrist Werner Hucks, die Musikgruppen »Damaris Joy«, »Cheerful Message«,
   »Sacred Sounds of Grass« u.a.

12 Vorreiter bis heute ist das britische Mammutfestival in Greenbelt
   (jährlich ab 1974), eine Art multikultureller Kirchentag der englischen Evangelikalen mit sozialkritischem Einschlag und Tummel-
   platz der bekanntesten christlichen Stars der Popmusik (wie Cliff
   Richard, Amy Grant u.v.a.). Das jährliche Christian Artists Semi-
   nar in De Bron (Holland; ab 1981) ist vor allem eine hochqualifi-
   zierte Fortbildungswoche und ein Forum zum Kennenlernen der
   Szene-Insider. Dagegen bietet das Flevo-Festival (ebenfalls Holland; ab 1978) vorwiegend Top-Gruppen aus Übersee und Europa
   live in concert. In Deutschland wird die von Detlev Westermann or-
   ganisierte »Christmas Rock Night Ennepetal« seit 1980 zum Stell-
   dichein progressiver Gospelrock-Gruppen und -Solisten aus den
   USA und Deutschland. Dem Nachwuchs will (ähnlich wie die früheren Gospelrock-Festivals in Herne) Arno Backhaus 1987 und 1989
   mit seinem Open-Air in Calden ein Podium zur Profilierung bieten.
   Daneben gibt es in den achtziger Jahren weitere regionale Festivals
   (Wölmersen; Langensteinbach; Zoé). Rein konzertanten Charakter
   hat die Konzertreihe »Künstler für Christus« (zum ersten Mal 1984
   in Frankfurt von Inge Brück initiiert, seither in verschiedenen Städten).

13 1983 gab es in Hannover eine »Halle der Musik«, in der schwer-

punktmäßig Neue Geistliche Lieder vorgestellt wurden, 1985 in Düsseldorf eine Werkstatt »Fantasie und Musik in der Kirche«. 1987 erscheint im Programmheft neben vielen Rockkonzerten das Forum »Klingende Kirche« mit Rolf Schweizer sowie ein Hearing zu Möglichkeiten der Musik in Gemeinde und Kirche, und 1989 findet unter dem Titel »Wenn die Musik dem Glauben nahe kommt« ein Gespräch zwischen Musikern und Theologen statt.

14 1989 wirken über 150 Bands, Jugendchöre und Liedermacher aktiv am Berliner Kirchentag mit.

15 Als beispielhaft zu nennen sind die Veröffentlichungen und Tagungen des Arbeitskreises »Singles« im BDKJ im Erzbistum Köln, die Herausgabe von Medienpaketen (z.B. mit Musik der Gruppe »Habakuk«) durch das Bischöfliche Ordinariat Limburg, Dezernat Grundseelsorge, Referat Liturgie, die Aktivitäten der Arbeitsgemeinschaft NGL im Bischöflichen Jugendwerk Münster und des Arbeitskreises Junge Musik in der Kirche im Erzbischöflichen Jugendamt München.

16 Im Strube Verlag München erscheinen z.B. Liederhefte von Textern (T) und Komponisten (K) wie Peter Spangenberg (T), Kurt Rose (T), Fritz Roos (T), Herbert Beuerle (K), Hans Puls (K), Erna Woll (K), Wolfgang Teichmann (K) und anderen.

17 Vgl. das Heft: Ich lobe meinen Gott. Bläsersätze zu Liedern unserer Zeit, hrsg. im Auftrag des Verbandes ev. Posaunenchöre in Bayern e.V. von Friedemann Strube, im Strube Verlag München.

18 Ende 1989 gibt es nach Angaben von Pit Prawitt, dem Musikreferenten des CVJM-Gesamtverbandes, bereits 80 Ten Sing-Gruppen in den Landesverbänden des CVJM, daneben erste Ausgaben einer eigenen Ten Sing-Zeitschrift »trend« sowie ein Info-Heft über diese Form der Jugendarbeit: Sabine Hesse und Jan Thormodsaeter (Hg.), Ten Sing – eine neue Bewegung im CVJM, nordbundhefte Nr. 4, Hamburg 1989.

19 Ihr gehören neben dem LaBiW und der IG-Lima noch der Landesarbeitskreis Jugendchöre (LAKJ) und das Evang. Bauernwerk an (Vorsitzender der AGMW 1989: Hans Reichel).

20 An anderen wichtigen Namen der populären christlichen Musik wären zu nennen: (für die erste Generation) Hans-Kurt Ebert, Eberhard Laue, Jörg Swoboda, Klaus Biehl, Fritz Müller & Rolf-D. Günther, Christoph-Martin Neumann, Theo Lehmann, Ingo Barz, die Texter Gottfried Schille, Dietrich Mendt und Theophil Rothenberg u.a.

Daneben tauchen in den achtziger Jahren neue Namen auf: Peter

Krause, Wolfgang Tost, Hartmut Naumann, Hans-Christoph Post-
ler, Martin Jankowski, Jürg Hertel, Matthias Thomser, Karl
Schwarnweber und (als Alibi-Frau?) die Texterin Bettina Dörfel.
Allein in der Lutherischen Landeskirche Sachsen gibt es 1987 62 re-
gistrierte Bands, 20 aktive Liedermacher und 20 Singegruppen bzw.
Jugendchöre, die im Jahr zusammengerechnet ca. 620 Einsätze spielen. Für den Rest der DDR rechnet Gottfried Schreiter etwa mit
nochmals der gleichen Anzahl an Musikgruppen.

21 Viele Bands verkaufen allerdings Demo-Kassetten nach ihren Auftritten. 1983 kommt es zu einer Kirchentags-LP (»Vertrauen wagen«), 1985 zu einer Kassette zum Jahr der Jugend (»Lebens-
räume«), und ab 1986 gibt es die Kassettenreihe »Edition« zur Pu-
blizierung von Bands, Liedermachern und Jugendchören. Ähnlich
im argen liegt der Notenvertrieb. Zum Teil mangelte es einfach an
technischem Gerät, dann gibt es zuwenig einschlägige Verlage (einiges erschien bei St. Benno und der Evang. Verlagsanstalt Berlin,
z.B. »Gott liebt diese Welt« Bd. I-VI, »Neue Gemeindelieder« Bd. I-
III), so daß viel mit Matrizen-Vervielfältigungen gearbeitet wurde
und wird.

22 Christoph Noetzel, briefliche Mitteilung Nov. 1989.

Pop vor Ort

1 Grundlage der AGMB vom 8.5.1986. 1989 sind etwa 60 Gruppen in
der AGMB zusammengeschlossen.

Es werde Klang

1 Ich kann nur wärmstens die Lektüre der »Predigtlehre« von Rudolf
Bohren empfehlen. Dieses Buch ist so etwas wie ein geistlicher und
be-geist-ernder Leitfaden für Produzenten christlicher Verkündi-
gungskultur.

2 Vgl. Volkmar Kramarz, Harmonieanalyse der Rockmusik. Von Folk
und Blues zu Rock und New Wave, Mainz, London, New York, Tokyo 1983 (Schott Musikwissenschaft).

3 Beispiele sind die Produktionen von Dieter Falk »On Time« und
»Dieter Falk« sowie »Choräle im neuen Sound« (ebenfalls Dieter
Falk & Solisten) und die Sacropop-Lieder »Als ich die arme Erde
sah« von Peter Janssens, abgedruckt im Kirchtagsliederheft 1985,

Nr. 4, und »Gemeinsame Wege wagen« (W. Töllner/P. Bubmann) aus dem Liederheft »Ich will glauben, Du bist da« (Strube, München).

4 K.C. Thust, a.a.O., 655-715.

5 Die genannten Melodien der ersten drei Autoren finden sich in den Kirchentagsliederheften von 1985 bzw. 1987. Zu Johannes Nitsch: Songs junger Christen 3, Nr. 139. Fritz Baltruweits Melodie ist abgedruckt in: solange die erde noch steht. Werkheft zur Lateinamerikanischen Beatmesse »Fest der Solidarität« und zur Beatmesse »Schritte zum Frieden« vom Kirchentag in Düsseldorf 1985 (tvd-Verlag).

6 Aus: Kirchentagsliederheft 1987, Nr. 106.

In aller Freiheit

1 Kassel 1967.

2 O. Söhngen, a.a.O., Vorwort. Auch das folgende Zitat an diesem Ort.

3 Suppans Titel enthält allerdings dieselbe Unschärfe wie der Titel Söhngens: Was ist eine »Lehre vom Menschen von der Musik«?

4 Vgl. z.B. J.E. Berendt, Nada Brahma. Die Welt ist Klang, rororo-Tb. 1987, 147: »Musik ist mehr als Musik. Sie ist Kosmos und atomare Mikrostruktur...«; und M. Eggler, Beaten oder Beten? VLM-Tb. 1988, 22: »Es ist zu beachten, daß der Ursprung der Musik im Himmel zu suchen ist.«

5 Vgl. den Überblick in: P. Bubmann, Urklang der Zukunft, Stuttgart 1988, 175-185.

6 R. Bohren, Predigtlehre, 4., veränd. u. erw. Aufl., München 1980; W. Huber, Folgen christlicher Freiheit. Ethik und Theorie der Kirche im Horizont der Barmer Theologischen Erklärung, Neukirchen ²1985; A. Peters, Der Mensch, Gütersloh 1979 (HST 8). Zum Aufbau vgl. weiterhin: T. Rendtorff, Ethik. Grundelemente, Methodologie und Konkretionen einer ethischen Theologie, Band 1, Stuttgart, Berlin, Köln, Mainz, 1980 (Theologische Wissenschaft Band 13, 1).

7 Wolfhart Pannenberg, Anthropologie in theologischer Perspektive, Göttingen 1983, 20.

8 H. Rauhe, R. Flender, Schlüssel zur Musik, a.a.O., 20.

9 W. Huber, Folgen christlicher Freiheit, a.a.O., 118.

10 Vgl. Friedrich Klausmeier, Die Lust, sich musikalisch auszudrücken, Reinbek b. Hamburg 1978.

11 Thrasybulos Georgiades, Musik und Sprache. Das Werden der abendländischen Musik, Berlin, Heidelberg, New York, ²1974, 30.

12 Alle Zitate: G. Picht, Grundlinien einer Philosophie der Musik, in: K. H. Ehrenforth (Hg.), Humanität, Musik, Erziehung. Mit Beiträgen von Rudolf Affemann u.a., Mainz, London, New York, Tokyo 1981, 115-130, 124.

13 Gen. 4, 21; 1. Sam. 10, 5; 2. Sam. 6, 5; 1. Kön. 10, 12; 2. Kön. 3, 15; 1. Chr. 16, 42; 23, 5; 2. Chr. 7, 6; 30, 21; Neh. 12, 36; Hiob 21, 12; Ps. 68, 26; 81, 2; 95, 1; 144, 9; 150; Jes. 5, 12; 30, 29; 42, 10; 1. Kor. 14, 15; Eph. 5, 19; Kol. 3, 16; Jak. 5, 13; Offb. 14, 3; 15, 3 u.v.a.; daß auch der Mißbrauch von Musik bekannt ist und dem wahren Gottesdienst gegenübergestellt wird, zeigen Stellen wie: Hiob 21, 12; Ps. 69, 13; Jes. 5, 12; Am. 5, 23; 6, 5; 8, 10.

Zwischen Kunst, Kitsch und Konsum

1 Herbert Gadsch, Kirchenmusik zwischen Experiment, Sacro-Pop und Nostalgie, in: Musik und Kirche 46. Jg. (1976), 69-73, 72.

2 Oskar Söhngen, Erneuerte Kirchenmusik, Göttingen 1975, 70. Noch weitergehende, m. E. unhaltbare Forderungen erhebt z.B. Christoph Albrecht, Das Verhältnis von Geistlich und Weltlich in der Musik der Vergangenheit und Gegenwart, in: Kirchenmusik im Spannungsfeld der Gegenwart. Eine Aufsatzreihe im Auftrag des Verbandes evangelischer Kirchenchöre und des Verbandes evangelischer Kirchenmusiker, hrsg. von Walter Blankenburg, Friedrich Hofmann und Erich Hübner, Basel, Paris, London, New York 1968, 20-27.

3 Vom 30.11. bis 1.12.1989 fand beispielsweise eine vom IG-Lima-Vorsitzenden Winfried Dahlfert mitorganisierte Tagung »Musik mit behinderten Menschen« statt, auf der vor allem eine von dem Bauern Hermann Veeh vorgestellte Harfe für Behinderte beeindruckte.

4 Manfred Siebald, Evangelistische Musik zwischen Kunst und Kitsch, in: Musik und Kirche 52. Jg. (1982), 81-88, 85.

5 M. Siebald, a.a.O., 82ff. Siebald stützt sich auf: Walther Killy, Deutscher Kitsch. Ein Versuch mit Beispielen, Göttingen ⁸1978.

6 D. Bonhoeffer, Widerstand und Ergebung, GTB ¹⁰1978, 204.

Streit ohne Ende: Gregorianik contra Popmusik

1 Instruktion der heiligen Ritenkongregation über die Musik in der Liturgie, hrsg. von den Liturgischen Instituten in Trier und Freiburg/Schweiz, Art. 4a. Als Kirchenmusik betrachtet wird der »Gregorianische Choral, die verschiedenen Arten alter und neuer mehrstimmiger Kirchenmusik, die Kirchenmusik für die Orgel und für andere zulässige Instrumente, der Kirchengesang oder liturgische Gesang des Volkes und der religiöse Volksgesang.« (ebd.)

2 Ebd., Art. 9, Vgl. II. Vat. Konzil, Liturgiekonstitution Art. 116: AAS 56 (1964), 129, und Art. 28: AAS 56 (1964), 107.

3 Vgl. ebd., Art. 12.

4 Ebd., Art. 53, nach II. Vat., Liturgiekonstitution Art. 121 (AAS 56; 1964), 130.

5 Ebd., Art. 60.

6 Vgl. ebd., Art. 63.

7 Papst Pius X., Motu proprio über die Erneuerung der Kirchenmusik »Tra le sollecitudini« (22.11.1903), zitiert nach: H. B. Meyer SJ und R. Pacik (Hg.), Dokumente zur Kirchenmusik unter besonderer Berücksichtigung des deutschen Sprachgebietes, Regensburg 1981, 23-34, 26.

8 *»Eine Kirchenkomposition ist um so heiliger und liturgischer, je mehr sie sich in Verlauf, Eingebung und Geschmack der gregorianischen Melodik nähert; und sie ist um so weniger des Gotteshauses würdig, als sie sich von diesem höchsten Vorbild entfernt. (Papst Pius X., a.a.O., 27)*

9 Papst Johannes Paul II., Liturgische Musik muß echte Kunst sein, Schreiben des Papstes an den Direktor der Cappela Sistina, Msgr. Domenico Bartolucci, zum Europäischen Jahr der Musik vom 6. August 1985, in: Musica Sacra, 105. Jg. (1985), 486-487, 487.

10 Joseph Kardinal Ratzinger, Liturgie und Kirchenmusik, Eröffnungsvortrag beim VIII. Internationalen Kirchenmusikkongreß, Rom 1985, abgedruckt in: Musica Sacra, 106. Jg. (1986), 3-12.

11 A.a.O., 7.

12 A.a.O., 8.

13 A.a.O., 10.

14 Vgl. Hans Elmar Bach, Tendenzen der Kirchenmusik heute, in: Musica Sacra, 94. Jg. (1974), 272-288, 278.

15 Vgl. Susanne Pfaller, Art.: Seelsorge mit Rock und Pop, in: Süddeutsche Zeitung vom 9.1.1989. Vgl. R. Brauckmann, »Singet dem Herrn ein neues Lied...«, kleine Kirchenmusikalische Betrach-

tung, in: Musica Sacra, 89. Jg. (1969), 173-174, 173. Vgl. auch G. Berger, Von Beifallsäußerungen in Kirchen, in: Musica Sacra, 108. Jg. (1988), 206-210, 207.

16 Franz A. Stein, War die Musik beim Katholikentag wirklich so schlecht?, in: Musica Sacra, 102. Jg. (1982), 394-399, 399. Vgl. auch S. Pfaller, a.a.O.

17 Vgl. Johannes Aengenvoort, Liturgische Musik im Umbruch der Zeit – Fortschritt oder Verfall?, in: Musik und Altar, 24. Jg. (1972), 150-158.

18 Solche Anfragen bzw. Forderungen hat z.B. Wilhelm Schepping formuliert: W. Schepping, Zur »Gemeindefähigkeit« des neuen geistlichen Liedes, in: Musica Sacra, 95. Jg. (1975), 172-177, 177.

Satans erster Stoßtrupp
oder Ausgeburt ästhetischer Ignoranz?

1 So R. Gerhardt, Der Schritt zu weit. Christliche Rockmusik, Dillenburg 1989, 40ff.

2 A.a.O., 36.

3 W. Kohli, Rockmusik und christliche Lebenshaltung. Die größte musikalische Revolution des 20. Jahrhunderts, Zürich, Basel, Genf ³1982, 139.

4 Z.B. Jimmy Page, Graham Bond, King Diamond. Vgl. dazu die im Literaturverzeichnis aufgeführten Beiträge von Ulrich Battista, Arnold Groh und den Artikel »Teufelsbeschwörungen und Satanskult im Heavy-Metal« im Materialdienst der EZW, 49. Jg. (1986), 350ff und Philipp Roser/Norbert Masslich, Okkult oder nicht? Grundsätzliches zum Thema am Beispiel »Black Sabbath«, in: Pack's 8. Jg. (1988), Nr. 5, 10-12 (ein Interview mit dem Sekten- und Weltanschauungsbeauftragten der Ev.-luth. Kirche in Bayern, Friedrich Haack).

5 Rolf Tischer, Religiöse Zeitzeichen in der Rock- und Popmusik, EZW-Texte, Information Nr. 109 (V/1989), Stuttgart 1989, 7f.

6 Vgl. H.-W. Ludwig u.a., Ein Gespräch mit Udo Lindenberg, in: Pack's 2. Jg. (1982), Nr. 5, 14f; Michael Jackson, Moonwalk. Mein Leben, München 1988, 85f.

7 Vgl. dazu Gary Herman, Rock 'n' Roll Babylon, Heyne-Tb. 1984, 159; Simon Frith, Jugendkultur und Rockmusik. Soziologie der englischen Musikszene, Rowohlt-Tb. 1981, 203, 276ff; Helmut Voullième, Die Faszination der Rockmusik. Überlegungen aus bil-

dungstheoretischer Perspektive, Opladen 1987, 30; Peter Spengler, Rockmusik und Jugend . . . , a.a.O., 95f, 207ff.

8 Vgl. R. Flender/H. Rauhe, Popmusik . . . , a.a.O., 48: »Der Rockstar ist kein Nur-Musiker, sondern Schamane. Sein Publikum sind keine Nur-Zuhörer, sondern auch seine Patienten, die von ihm erwarten, daß er ihre Ängste und Neurosen heilt.«

9 Zitiert nach: G. Klempnauer, Ich will raus, a.a.O., 143.

10 Vgl. dazu: Rolf Tischer, Religiöse Symbolik in der Popmusik, in: Materialdienst der EZW 47. Jg. (1984), 140-148.

11 Vgl. H. Voulième, a.a.O., 53.

12 R. Flender/H. Rauhe, a.a.O., 37.

13 Th.W. Adorno, Einleitung in die Musiksoziologie, suhrkamp-Tb. 1975, 62.

14 P. Spengler, a.a.O., 176.

15 H. Voullième, a.a.O., 42 im Anschluß an H.P. Duerr.

16 H. Voullième, a.a.O., 52.

17 Vgl. zum folgenden vor allem: Th.W. Adorno, a.a.O., 35-71, und ders., Über den Fetischcharakter in der Musik und die Regression des Hörens, in: ders., Dissonanzen. Musik in der verwalteten Welt, Göttingen ⁶1982 (Kleine Vandenhoeck-Reihe 1028), 9-45. Zur Aufnahme der Argumentation Adornos in der theologischen Diskussion vgl.: Theo Schmitt, Musik im Gottesdienst als Problem, in: Musik und Kirche 55. Jg. (1985), 12-18.

18 Vgl. Th.W. Adorno, Über den Fetischcharakter . . . , a.a.O., 21.

19 A.a.O., 29.

20 Vgl. Th.A. Adorno, Einleitung in die Musiksoziologie, a.a.O., 54, 265.

21 Vgl. Siegfried Borris, Kulturgut Musik als Massenware, Wiesbaden 1978, 83; vgl. P. Spengler, a.a.O., 178.

22 Dieter Baacke, Beat – die sprachlose Opposition, München 1968, 112, zitiert nach M. v. Schoenebeck, Was macht Musik populär? A.a.O., 133.

We don't need no education

1 H. Voullième, a.a.O., 9.

2 Flender/Rauhe, a.a.O., 184.

3 H. Rauhe, Popmusik und Schlager: Anthropologische Aspekte und pädagogische Perspektiven, in: Reinhold Schneider (Hg.), Anthro-

pologie der Musik und der Musikerziehung, Regensburg 1987 (Musik im Diskurs 4), 147-172, 165.

4 E. Nestler, Gottesfurcht und Gläserrücken. Zur Verwendung der Autobiographien von Michael Jackson und Nina Hagen im Religionsunterricht der Berufsschule, Manuskript, Lauf a.d. Pegnitz 1988, 75.

Ich werfe meine Fragen hinüber

1 Der vollständige Bericht findet sich in: der rundbrief, hrsg. vom Amt für evang. Jugendarbeit Bayern, Referat Jugendevangelisation, zusammen mit der AG christliche Popmusik in Bayern, 5. Jg. 2/1986, 3-6.

2 Das Lied mit dem Text von Ulrich G. Fick und der Melodie von Gerhard Kloft findet sich z.B. im »Liederheft für die Gemeinde, Auf und macht die Herzen weit«, hrsg. i.A. des Landeskirchenrats der Evang.-Luth. Kirche in Bayern, München 1982, Nr. 668.

3 Nach einem unveröffentlichten Manuskript von Peter Janssens.

4 Briefliche Notiz im Oktober 1989.

Anhänge

Radiosendungen mit populärer christlicher Musik

SDR 3, »Songs um 8« (A. Malessa), sonn- und feiertags um 8 Uhr.
HR 1, »Lieder zwischen Himmel und Erde« (S. Fietz), mittwochs unregelmäßig 23.05-24.00
BR 2, »Halleluja in Pop«, sonntags 7.08-7.15
erf (= Evangeliums-Rundfunk, Wetzlar), »Junge Welle«, Mittwoch bis Samstag 22 Uhr, Mittelwelle 1467 kHz

Privatfunk (nur Sender mit größeren Blocks mit populärer christlicher Musik aufgenommen):
Radio Passau, »Black Box«, jeden Mittwoch von 20 bis 21 Uhr Musik von Gospel, Spiritual bis Jazz
Radio Charivari Würzburg, »Gospeltrain«, jeden zweiten und vierten Mittwoch im Monat von 20 bis 22 Uhr, und »Gospelstunde«, jeden Sonntag von 6 bis 9 Uhr
Radio Hamburg, »Open House«, sonntags 22 bis 24 Uhr: gelegentliche Beiträge zu christlicher Rock- und Popmusik
Radio Schleswig-Holstein (RSH), »RSH-Sünndag«, sonntags von 6 bis 9 Uhr (Magazin mit christlicher Popmusik)
Welle Don Camillo auf Radio 5, UKW 95, 8 MHz, Nürnberg (Freitag, Samstag und Sonntag von 22 bis 24 Uhr)
Welle Fidelitas – Karlsruhe 101.8 MHz, sonntags 8.30 bis 9.00, gelegentlich thematische Sendungen zu Gospelrock etc.

Adressen wichtiger Verlage und Zeitschriften

Verlage, in denen Noten und Tonträger populärer christlicher Musik verlegt werden (mit Kurzcharakteristik)

Abakus Schallplatten & Ulmtal Musikverlag, Haversbach 1, 6349 Greifenstein 2 (Fietz-Platten und Produktionen)
Arbeitskreis SINGLES im BDKJ Erzbistum Köln, Marzellenstr. 32, 5000 Köln 1 (Sammlung und Publikation von NGL und Sacropop, vor allem kath.)

Arno's Bauchladen, Schallplatten-Versand Arno Backhaus, Hauptstr. 13, 3527 Calden 2 (Gospelrock aus der ganzen Welt)

Asaph Buch & Musikvertrieb, Werdohler Str. 11, Postfach 28 89, 5880 Lüdenscheid (Vertrieb der Praise-Musik von »Jugend mit einer Mission«)

Bischöfliches Ordinariat Limburg, Dezernat Grundseelsorge, Referat Liturgie, Postfach 13 55, 6250 Limburg (Medienpakete zu Themen wie Firmung, Schulentlassung, Frieden, Kirchenjahr etc. mit Sacropopmusiknoten von Eckert/Heurich)

Christliches Verlagshaus Stuttgart, Versandbuchhandlung, Postfach 31 11 41, 7000 Stuttgart 31 (Vertrieb aller bekannten Labels und Verlage wie Hänssler, Abakus, Pila, Schulte & Gerth; dazu: Rundfunkmission im Christlichen Verlagshaus = RM-Label; Resonanz-Music-Production-Label: vor allem Musik vom Musischen Bildungszentrum/Heizmann; Go-For Records: Helmut Jost)

Christophorus-Verlag, Hermann-Herder-Str. 4, 7800 Freiburg (neben anderem Taizé-Musik, Noten und Tonträger)

CMK (Christ. Musik. Kultur)-Vertrieb, Dorothee Reichel, Fichtenstraße 24, 7258 Heimsheim (Hufeisen/Plüss-Produktionen und württembergische Solisten und Gospelrock-Gruppen)

Dagmar Kamenzky-Verlag, Grubesallee 29, 2000 Hamburg (Vertrieb der meisten Sacropop-Produktionen, Noten und Tonträger)

Erzbischöfliches Jugendamt München, Theatinerstr. 3, 8000 München 2 (Herausgabe von Liedblättern mit NGL und Sacropop; offener Abonnentenkreis)

Gustav Bosse Verlag, Postfach 417, 8400 Regensburg 1 (Neue Geistliche Lieder bis 1978, Noten; Sachbücher zur Musikpädagogik)

hänssler music Store, Postfach 12 20, 7303 Neuhausen-Stuttgart. (Label des Hänssler-Verlages mit deutscher Gospelrock-Produktion)

Hänssler-Verlag, Laudate Versandbuchhandlung, Bismarckstraße 4, Postfach 12 20, 7303 Neuhausen-Stuttgart (Erweckliche Chorliteratur, Jugendchorliteratur)

Impulse-Verlag, Natorp 21, 4406 Drensteinfurt (Sacropop und NGL, vor allem für Kinder, von Ludger Edelkötter)

Janz Musikverlag, Postfach 17 10, 7850 Lörrach (Sacropop und Musicals)

Kontakte Musikverlag, Ute Horn, Holtackerweg 26, 4780 Lippstadt (Sacropop)

Menschenkinder-Verlag, An der Kleinmannbrücke 81a, 4400 Münster (Vor allem geistliche Kinderlieder)

Peter Janssens Musik Verlag, Warendorfer Str. 1, 4404 Telgte (Sacropop)

Pila Music GmbH, Postfach 143, 7405 Dettenhausen (Bedeutendster Gospelrock-Importeur und -Produzent in Deutschland)

Point Music, Postfach 12 13, 5227 Windeck 1 (Kath. Popmusik, Inge Brück)

Strube-Verlag, Pettenkoferstr. 24, 8000 München 2 (Traditionelles Neues Geistliches Lied, moderne Posaunenchormusik und Sacropop)

Studiogruppe Baltruweit, Friedrichswall 17, 3000 Hannover 1 (Sacropop)

Studio Union im Lahn-Verlag, Postfach 14 61, 6250 Limburg 1 (kath. Chansonniers und Gruppe Habakuk)

tvd-Verlag, Prakstr. 20, Postfach 32 11 11, 4000 Düsseldorf 30 (Sacropop)

Verlag Neue Stadt, Gleißnerstraße 87, 8000 München 83 (kath. Sacropop und Gospelrock: Gen Rosso und Gen Verde)

Verlag Schulte & Gerth, Postfach 11 48, 6334 Asslar (Lord-Label – Gospelrock – und traditionelle erweckliche Musik)

Zeitschriften, in denen populäre christliche Musik thematisiert wird

Arbeitshilfe für Evangelische Jugendmusik, Ev.-Luth. Landeskirchenamt Sachsens, Geschäftsstelle des Landesjugendpfarrers – Jugendmusik –, Friedrichstr. 43, DDR-8010 Dresden

Baustein, CVJM-Westbund, Postfach 20 20 20, 5600 Wuppertal 2

Champ, Asaph-Verlag, Postfach 28 89, Werdohler Str. 11, 5880 Lüdenscheid

epd-Wochenspiegel, evangelische information, GEP, Postfach 17 03 61, 6000 Frankfurt/M. 1

idea-spectrum, Infodienst der Evangelischen Allianz, Postfach 18 20, 6330 Wetzlar

IG LIMA Infobrief, hrsg. von der Interessen-Gemeinschaft Liedermacher in der Evang. Kirche in Deutschland – Förderverein, Theodor-Körner-Straße 26, 7110 Öhringen

ixx-Musikzeitschrift, Verlag Dirk Halfmann, Postfach 13 41, 6348 Herborn

Neues Singen in der Kirche. Materialien – Impulse – Forum für Gottesdienst und Gemeindesingen (erscheint dreimal im Jahr), Theologischer Verlag, Postfach, CH-8045 Zürich

Notation, hrsg. von der Arbeitsgemeinschaft Musik der kirchlichen Jugendarbeit bei der Mittelstelle für Werk & Feier, Leninstr. 160, DDR-1302 Eberswalde-Finow. Bestellungen über eines der Landesjugendpfarrämter in der DDR

Pack's, Verlag Wort im Bild GmbH, Ringstr. 18a, 6451 Hammersbach

Punkt, Bundes-Verlag GmbH, Goltenkamp 4, Postfach 40 65, 5810 Witten 4

der rundbrief, hrsg. von der Arbeitsgemeinschaft Musik in der evangelischen Jugend in Bayern, Amt für Jugendarbeit AG »der rundbrief«, Postfach 45 01 31, 8500 Nürnberg 45

Rundbrief des Landesarbeitskreis Band in Württemberg (erscheint unregelmäßig), hrsg. über das Evang. Landesjugendpfarramt Dannekkerstr. 19 A, 7000 Stuttgart 1

»trend«, Zeitschrift der Ten Sing-Bewegung, hrsg. vom CVJM-Gesamtverband, Postfach 41 01 49, 3500 Kassel

Verzeichnis kirchlicher Dienststellen und anderer wichtiger Institutionen, die mit populärer Musik beschäftigt sind

Alle Ämter für Jugendarbeit oder Jugendpfarrämter der evang. Landeskirchen und die Referate für Kirchenmusik in den kath. Bistümern; Adressen sind bei jedem Pfarramt zu erfragen; daneben:

Arbeitsgemeinschaft Musik in der evangelischen Jugend, Morsestraße 5, 4000 Düsseldorf 1

Arbeitsgemeinschaft Musik in der evangelischen Jugend in Bayern, Amt für Jugendarbeit der Evang.-Luth. Kirche in Bayern, Hummelsteiner Weg 100, 8500 Nürnberg 45

Arbeitsgemeinschaft Musik in der evangelischen Jugend in Württemberg (AGMW), Hans Reichel, Fichtenstr. 24, 7258 Heimsheim

Arbeitsgemeinschaft Musik (AGM) der kirchlichen Jugendarbeit bei der Mittelstelle für Werk & Feier, Leninstr. 160, DDR-1302 Eberswalde-Finow. Dort sind weitere Adressen in der DDR zu erfragen

Arbeitsgemeinschaft Neues Geistliches Lied, Bischöfliches Jugendamt, Referent für musisch-kulturelle Bildung, Rosenstr. 16, 4400 Münster

Arbeitskreis »Kirchenmusik und Jugendseelsorge« beim Referat Kirchenmusik der Diözese Limburg, Schäffle-Str. 19, 6000 Frankfurt/ M. 60

Arbeitskreis »Junge Musik in der Kirche«, Erzbischöfliches Jugendamt München, Theatinerstr. 3, 8000 München 2

Arbeitskreis SINGLES im Bund der Deutschen Katholischen Jugend (BDKJ) im Erzbistum Köln, Marzellenstr. 32, 5000 Köln 1

Christlicher Sängerbund – CS –, Westfalenweg 207, 5600 Wuppertal 1

CVJM-Gesamtverband in Deutschland e. V. – Musikreferat – Im Druseltal 8, Postfach 41 01 49, 3500 Kassel-Wilhelmshöhe

Deutscher Evangelischer Kirchentag (DEKT) – Leitung – Magdeburger Str. 59, Postfach 480, 6400 Fulda

Evangelische Zentralstelle für Weltanschauungsfragen, Hölderlinplatz 2 A, 7000 Stuttgart 1

Ev.-Luth. Landeskirchenamt Sachsens, Geschäftsstelle des Landesjugendpfarrers – Jugendmusik –, Friedrichstr. 43, DDR-8010 Dresden

Evangelisch-methodistische Kirche, Jugendwerk Süd, Giebelstr. 16, 7000 Stuttgart 31

Friedrich-Ebert-Stiftung, Eifelstraße 35, 6600 Saarbrücken (Rock & Pop-Seminare)

Institut für Musikalische Bildung, Schlüterstraße 14, 2000 Hamburg 13 (Informationen zu Fortbildungsmöglichkeiten in Popularmusik)

Interessengemeinschaft Liedermacher in der Evang. Kirche in Deutschland – IG Lima – Geschäftsstelle Theodor-Körner-Straße 26, 7110 Öhringen

Landesarbeitsgemeinschaft Musik in der evangelischen Jugend der ev.-luth. Landeskirche Hannovers, Hanns-Lilje-Platz 4-5, 3000 Hannover

Stiftung Musisches Bildungszentrum St. Goar-Werlau (MBZ), Am Eichelgärtchen 7, Postfach 16, 5401 Halsenbach

Verzeichnis wichtiger Materialien zu Organisation und Fortbildung in populärer christlicher Musik

Bands, Jugendchöre, Liedermacher – Arbeitsgemeinschaft Musik in Württemberg, Anschriften und Infos, Ausgabe 1987, hrsg. von der AGMW, verfaßt von Peter Marquardt und Hans Reichel, zu beziehen beim Evang. Landesjugendpfarramt, Danneckerstr. 19 A, 7000 Stuttgart 1

Bands, Chöre, Liedermacher in Bayern. Interpretenverzeichnis der AGMB 1989, hrsg. vom Amt für Jugendarbeit der Evang.-Luth. Kirche in Bayern, Hummelsteiner Weg 100, 8500 Nürnberg 40

Barth, Friedrich K., Sätze für Textemacher, in: 22. DEKT 1987, Informationsblatt 3, zusammengestellt vom FA Projekte II, Fulda o.J., 15

Gitarren-Choral- und Liederheft 1, Tabulatur- und Notensätze, hrsg. von der Interessengemeinschaft Liedermacher in der Evangelischen Kirche in Deutschland (IG Lima), Verlag Junge Gemeinde, Stuttgart 1988

Hartmann, Hauke, So wirds gemacht. Gesangs-Workshop, Artikelserie in: ixx-Musikzeitschrift ab Jg. 1988 bis 1/1990

126

Hufeisen, Hans-Jürgen, Bandschule, Strube Verlag (Edition 8007), München 1985

Jahresprogramm der Arbeitsgemeinschaft Musik in der ev. Jugend, Morsestraße 5, 4000 Düsseldorf 1

Jahresprogramm des Musischen Bildungszentrums St. Goar-Werlau, Postfach 16, 5401 Halsenbach

Jahresübersicht der Rock & Pop-Seminare der Friedrich-Ebert Stiftung, Eifelstraße 35, 6600 Saarbrücken

Kraus, Herbert, Arrangieren und Komponieren in der Popmusik, Voggenreiter, Bonn 1987

Malessa, Andreas, Tausend Tips für Mitarbeiter. Ein Handbuch für missionarische Veranstaltungen, Neukirchen-Vluyn 1985 (ABC-Team)

Neues Singen in der Kirche, Materialien – Impulse – Forum für Gottesdienst und Gemeindesingen (Zeitschrift mit 3 Heften im Jahr), hrsg. im Auftrag des ökumenischen Vereins »Neues Singen in der Kirche« von Dr. Hans Hauzenberger u.v.a., Theologischer Verlag Zürich, Postfach, CH-8045 Zürich

Popularmusik und Arrangement. Eine Handreichung für Ausbildung und Praxis, hrsg. von der Direktorenkonferenz der kirchlichen und der staatlichen Ausbildungsstätten für Kirchenmusik und der Landeskirchenmusikdirektoren in der EKD, in: Der Kirchenmusiker, 39. Jg. (1988), 201-204, und in: Musica Sacra, 109. Jg. (1989), 24-26

Schmidt, Thomas, Artikelserie: Fehler vermeiden beim Texten, in: der rundbrief ab Ausgabe 4/89, hrsg. von der Arbeitsgemeinschaft Musik in der evangelischen Jugend in Bayern, AG »der rundbrief«, Postfach 45 01 31, 8500 Nürnberg 45

Siemoneit, Hans Rudolf, Offenes Gemeindesingen. Ein Arbeitsbuch für Singeleiter, Gütersloh 1976

Stern, Hermann (Hg. im Auftrag des Verbandes evangelischer Kirchenmusiker und des Verbandes evangelischer Kirchenchöre in Württemberg), Leitfaden zur Grundausbildung in der Evangelischen Kirchenmusik, Hänssler-Verlag, Stuttgart-Hohenheim 1969

Trebing, F.C. (Hg.), Pack's Künstlerhandbuch für Veranstalter, Wort im Bild Verlag, Hammersbach, Jahrbuch (1989 nicht erschienen)

Werkbuch Liedermachen. Gedanken, Anregungen, Beispiele, Modelle, hrsg. von der Landesarbeitsgemeinschaft Musik Nordrhein-Westfalen e.V. unter Mitarbeit von Norbert Althofen u.v.a., Regensburg 1982

Zehendner Christoph, So wird getextet. Vom Handwerkszeug des Liedertexters, Artikelserie in: ixx-Musikzeitschrift Jg. 1989/90

Literaturverzeichnis und Diskographie

Grundlagenliteratur zum Thema des Buches

Zur populären christlichen Musik

Hagen, Rochus, Jazz in der Kirche? Zur Erneuerung der Kirchenmusik, Stuttgart, Berlin, Köln, Mainz 1967

Juhre, Arnim (Hg.), Singen um gehört zu werden. Lieder der Gemeinde als Mittel der Verkündigung. Ein Werkbuch, Wuppertal 1976

Malessa, Andreas, Der neue Sound, Christliche Popmusik – Geschichte und Geschichten, Brockhaus-Tb., Wuppertal 1980

Schnath, Gerhard (Hg. im Auftrag des Deutschen Evangelischen Kirchentages), Fantasie für Gott. Gottesdienste in neuer Gestalt, Stuttgart, Berlin ²1965

Thust, Karl Christian, Das Kirchen-Lied der Gegenwart. Kritische Bestandsaufnahme, Würdigung und Situationsbestimmung, Göttingen 1976 (Veröffentlichung der Evangelischen Gesellschaft für Liturgieforschung, Heft 21)

Volke, Steve, Background: Musikerleben, ABC-Team-Tb., Gießen 1988

ders., Live: Musikerleben, ABC-Team-Tb., Gießen 1989

Zenetti, Lothar, Heiße (W)Eisen. Jazz, Spirituals, Beatsongs und Schlager in der Kirche, unter Mitarbeit von Johannes Aengenvoort u.a., München 1966

Zur populären Musik allgemein

Adorno, Theodor Wiesengrund, Dissonanzen. Musik in der verwalteten Welt, Göttingen ⁶1982 (Kleine Vandenhoeck-Reihe)

ders., Einleitung in die Musiksoziologie. Zwölf theoretische Vorlesungen, Suhrkamp-Tb., Frankfurt/M. 1975 (Reihe Wissenschaft)

Flender, Reinhard und Hermann Rauhe, Popmusik. Aspekte ihrer Geschichte, Funktionen, Wirkung und Ästhetik, Darmstadt 1989

Herman, Gary, Rock 'n' Roll Babylon, Heyne-Tb., München 1984

Kneif, Tibor, Rockmusik. Ein Handbuch zum kritischen Verständnis, rororo-Tb., Reinbek b. Hamburg 1982

Schoenebeck, Mechthild von, Was macht Musik populär? Untersuchungen zu Theorie und Geschichte populärer Musik, Frankfurt/M., Bern, New York, Paris 1987 (Europäische Hochschulschriften Reihe XXXVI Bd. 31)

Spengler, Peter, Rockmusik und Jugend. Bedeutung und Funktion einer Musikkultur für die Identitätssuche im Jugendalter, Frankfurt 1987 (wissen & praxis 11)

Voullième, Helmut, Die Faszination der Rockmusik. Überlegungen aus bildungstheoretischer Perspektive, Opladen 1987 (Schriftenreihe des Institut Jugend Film Fernsehen)

Zur theologischen und anthropologischen Diskussion um populäre Musik

Bubmann, Peter, Musik und christlicher Glaube, in: ders., Urklang der Zukunft. New Age und Musik, Stuttgart 1988, 175-246

Ehrenforth, Karl Heinrich (Hg.), Humanität, Musik, Erziehung, Mainz, London, New York, Tokyo 1981

Heide, Martin, Musik um jeden Preis? Bielefeld 1986

Krieg, Gustav Adolf, Die gottesdienstliche Musik als theologisches Problem – dargestellt an der kirchenmusikalischen Erneuerung nach dem Ersten Weltkrieg, Göttingen 1990 (Veröffentlichungen der Evangelischen Gesellschaft für Liturgieforschung, Heft 22)

Kurzschenkel, Winfried, Die theologische Bestimmung der Musik. Neuere Beiträge zur Deutung und Wertung des Musizierens im christlichen Leben, Trier 1971

Lawhead, Steve, Das Schaf im Wolfspelz. Rock aus der Sicht eines Christen. Mit einem Vorwort von Manfred Siebald, Wiesbaden 1983

Ratzinger, Joseph Kardinal, Liturgie und Kirchenmusik. Eröffnungsvortrag beim VIII. Internationalen Kirchenmusikkongreß, Rom 1985, in: Musica Sacra, 106. Jg. (1986), 3-12

Söhngen, Oskar, Theologie der Musik, Kassel 1967

Suppan, Wolfgang, Der musizierende Mensch. Eine Anthropologie der Musik, Mainz, London, New York, Tokyo 1984 (Musikpädagogik. Forschung und Lehre, Band 10)

Tischer, Rolf, Religiöse Symbolik in der Popmusik, in: Materialdienst der EZW, 47. Jg. (1984), 140-148

ders., Religiöse Zeitzeichen in der Rock- und Popmusik, EZW-Texte Information Nr. 109 (V/1989), Stuttgart 1989

Literatur zum Thema: Rock- und Popmusik im Religions- und Konfirmandenunterricht

Berghaus, Wilfried, Harald Kleem und Heinz-Wilhelm Schnieders, Musik in der offenen Jugendarbeit, Regensburg 1981 (Praxisfelder Musik und Sozialpädagogik Bd. 1)

Heuberger, Julius, Lied und Musik in Religionsunterricht und Jugendarbeit, München 1976

Kalb, Friedrich, Musik und Singen im Religionsunterricht. Einige theologische und musik-pädagogische Überlegungen und Denkanstöße, in: Arbeitshilfe für den evangelischen Religionsunterricht an Gymnasien (Für den internen Gebrauch als Manuskript gedruckt), Themenfolge 81, Musik im Religionsunterricht, hrsg. von der Gymnasialpädagogischen Materialstelle der Evang.-Luth. Kirche in Bayern, o.O. 1988, 21-34

Kleinen, Günther, Werner Klüppelholz und Wulf Dieter Lugert (Hg.), Musikunterricht Sekundarstufen, Musik im Alltag, Düsseldorf 1985

dies. (Hg.), Musikunterricht Sekundarstufen, Popmusik und Schlager, Düsseldorf 1985

dies. (Hg.), Musikunterricht Sekundarstufen, Rockmusik, Düsseldorf 1985

Klempnauer, Günther, Ich will raus. Jugend und Rockmusik der 50er bis 80er Jahre. Interviews und Reportagen, Brockhaus-Tb., [2]1988

Nestler, Erich, Gottesfurcht und Gläserrücken. Zur Verwendung der Autobiographien von Michael Jackson und Nina Hagen im Religionsunterricht der Berufsschule, Manuskript, Lauf an der Pegnitz 1988

Pirner, Manfred, Popmusik im Religionsunterricht. Anregungen und praktische Beispiele, in: Arbeitshilfe für den evangelischen Religionsunterricht an Gymnasien (Für den internen Gebrauch als Manuskript gedruckt), Themenfolge 81, Musik im Religionsunterricht, hrsg. von der Gymnasialpädagogischen Materialstelle der Evang.-Luth. Kirche in Bayern, o.O. 1988, 65-88

Prinz, Ulrich, »Jesus Christ Superstar« – eine Passion in Rock. Ansätze zu einer Analyse und Interpretation, in: Musik und Bildung 1972, 194-199

Reimers, Wolfgang, Sozialkritik in der Rockmusik am Beispiel Frank Zappa, Pfaffenweiler 1985 (Reihe Medienwissenschaft Bd. 2)

Röller, Dirk, Religiöse Elemente der Rockmusik. Planungsprobleme eines offenen Kurses für die Sekundarstufe II, in: religion heute 3/1977, 15-17

Schaller, Dieter, Musik und Religion. Theologische und unterrichts-
praktische Überlegungen, in: Arbeitshilfe für den evangelischen Religionsunterricht an Gymnasien (Für den internen Gebrauch als Manuskript gedruckt), Themenfolge 81, Musik im Religionsunterricht,
hrsg. von der Gymnasialpädagogischen Materialstelle der Evang.-
Luth. Kirche in Bayern, o.O. 1988, 5-20

Schmitt, Rainer, Musik und Spiel in Religionsunterricht und Jugendarbeit. Praktische Anleitungen, Beispiele und Modelle, München,
Stuttgart 1983

Schönburg, Wolf-Christoph von, Kontra Babylon. Reggae – religiöse
und soziale Botschaft aus Jamaica, eres-Tb., 1981

Spengler, Peter, Pädagogik und Rockmusik, in: ders., Rockmusik und
Jugend. Bedeutung und Funktion einer Musikkultur für die Identitätssuche im Jugendalter, erw. Neuausgabe, Frankfurt a.M. 1987
(wissen & praxis 11), 215-227

Tischer, Rolf, Religiöse Zeitzeichen in der Rock- und Popmusik, EZW-
Information Nr. 109 (V/1989), Stuttgart 1989 (Anzufordern bei der
EZW – Adresse s. Adressenverzeichnis)

Voullième, Helmut, Die Faszination der Rockmusik. Überlegungen aus
bildungstheoretischer Perspektive, Opladen 1987 (Schriftenreihe des
Institut Jugend Film Fernsehen)

Wiechell, Dörte, Musikalisches Verhalten Jugendlicher. Ergebnisse einer empirischen Studie – alters-, geschlechts- und schichtspezifisch
interpretiert, Frankfurt a.M., Berlin, München 1977 (Schriftenreihe
zur Musikpädagogik)

Winterbauer, Gertrud, Popmusik im Dienste christlicher Verkündigung, in: Entwurf 3/1986, 41-45

Wolf, Martin, Miteinander musizieren. Singen, Tanzen und Improvisieren mit Kindern in Schule und Gottesdienst, München Göttingen
1977

Allgemeines Literaturverzeichnis

Hinweis: Weiterführende Literaturlisten finden sich auch im Anhang
von: Flender/Rauhe, Popmusik . . ., und in der Veröffentlichung des Arbeitskreises SINGLES: Literatur zum Neuen Geistlichen Lied (Adresse
s.o.)

Aengenvoort, Johannes, Liturgische Musik im Umbruch der Zeit – Fortschritt oder Verfall? in: Musik und Altar, 24. Jg. (1972), 150-158

ders., Von »Jazz in der Kirche« zur »Rhythmischen Musik«, in: Musik und Altar, 22. Jg. (1970), 121-125

Arbeitsgemeinschaft Musik in der Evangelischen Jugend e.V. (Hg.), Fantasie und Musik in der Kirche, mit Beiträgen von Friedrich Karl Barth, Eckhart Bücken u.a., Düsseldorf o.J. (1986)

dies. (Hg.), Sacro-Pop, (Materialien und Informationen 4)

Bach, Hans Elmar, Tendenzen der Kirchenmusik heute, in: Musica Sacra, 94. Jg. (1974), 272-288

Bäumer, U., Rock. Musikrevolution des 20. Jahrhunderts – eine kritische Analyse, Bielefeld 1988

ders., Wir wollen nur deine Seele, Bielefeld, Wuppertal ⁶1988

Baltruweit, Fritz, Das geistliche Chanson als Medium der Verkündigung, in: Musik und Kirche, 49. Jg. (1979), 177-182

ders. (Hg.), Forum »Neues geistliches Lied« Nr. 1-5, Hamburg 1983-1985

ders., Neue Lieder in der Kirche, in: Unser Auftrag. Zeitschrift für Mitarbeiterinnen und Mitarbeiter in der Kirche, Nr. 11/1989, 10f

ders., Sacro-Pop in der Sackgasse? Eine Standortbestimmung, in: Musik und Kirche, 52. Jg. (1982), 66-75

Balz, Hans Martin, Musik und Glaube, in: Der Kirchenmusiker, 38. Jg. (1987), 121-133

Bañol, Fernando Salazar, Die okkulte Seite des Rock, München 1987

Battista, Ulrich, Satanismus im Hardrock/Heavy Metal, in: Materialdienst der EZW, 48. Jg. (1985), 202-205

Berendt, Joachim-Ernst, Das große Jazzbuch, Fischer-Tb, Frankfurt/M. ⁵1982

Bertram, Reinhard, Die Jugend und ihre Musikkultur. Beobachtungen und Folgerungen, in: Der Kirchenmusiker, 39. Jg. (1988), 44-51

Blankenburg, Walter, Neue gottesdienstliche Musik – Notwendigkeit und kritische Maßstäbe, in: ders., Kirche und Musik. Gesammelte Aufsätze zur Geschichte der gottesdienstlichen Musik. Zu seinem 75. Geburtstag hrsg. von Erich Hübner und Renate Steiger, Göttingen 1979, 332-342

Blaukopf, Kurt, Neue musikalische Verhaltensweisen der Jugend. Mit einer Bibliographie von Dieter Gaisbauer, Mainz 1974 (Musikpädagogik Bd. 5)

Bohren, Rudolf, Bemerkungen zu neuen Liedern, in: Zeitschrift für Evangelische Theologie, 39. Jg. (1979), 143-159

Bonhoeffer, Dietrich, Widerstand und Ergebung. Briefe und Aufzeichnungen aus der Haft, hrsg. von Eberhard Bethge, GTB, Gütersloh ¹⁰1978

Borchert, Winfried, Gregorianik contra Fortschritt? Musik als Tradition der Kirche, in: Musica Sacra, 100. Jg. (1980), 105-107

Borris, Siegried, Kulturgut Musik als Massenware. Eine kritische Analyse der musikalischen Umwelt, Wiesbaden 1978 (Schriftenreihe der Deutschen Phono-Akademie e. V., Hamburg)

Brauckmann, Rudolf, Jazz für Liturgie ungeeignet, in: Musica Sacra, 89. Jg. (1969), 175

ders., »Singet dem Herrn ein neues Lied . . .«, Kleine kirchenmusikalische Betrachtung, in: Musica Sacra, 89. Jg. (1969), 173f

Bubmann, Peter, Jubila '86. Ein Erfahrungsbericht, Heidelberg 1986, in: der rundbrief, hrsg. vom Amt für evang. Jugendarbeit in Bayern, Referat Jugendevangelisation, zusammen mit der AG christliche Popmusik in Bayern, 5. Jg. 2/1986, 3-6

ders., New Age und Musik – Die spirituelle Dimension in der Musik – Brauchen wir eine neue Kirchenmusik? in: Gottesdienst und Kirchenmusik, 6/1989, 197-206

Bücken, Eckhart. Das neue geistliche Lied zwischen Bach, Barock und Rock, in: 22. DEKT 1987, Informationsblatt 3

Buschmann, Michael, Rock im Rückwärtsgang. Manipulation durch »backward masking«, Asslar [6]1988

Chapple, Steve und Reebee Garofalo, Wem gehört die Rock-Musik? Geschichte und Politik der Musikindustrie, rororo-Tb., Reinbek 1980

Chilla, Karl-Peter, Situation und Möglichkeiten Neuer Lieder im Gottesdienst, in: Musik und Kirche, 48. Jg. (1978), 277-284

Dahlhaus, Carl, Musikästhetik, Laaber-Tb., Laaber [4]1986 (Theoretica Band 8)

Dalferth, Winfried, Christliche Popmusik in der Gemeinde? in: Das missionarische Wort. Zeitschrift für Verkündigung und Gemeindeaufbau, 39. Jg. (1986), 115f

DEKT, Funktion der Kirchenmusik zwischen künstlerischem Anspruch und gemeindlicher Wirklichkeit. Ein Symposion des Deutschen Evangelischen Kirchentags, in Zusammenarbeit mit dem Präsidenten der Musikhochschule Hamburg, 1/1987, Dokumentation hrsg. (als Manuskript) vom DEKT Fulda 1987

Dembowski, Hermann, Musik als Friedensspiel, Der Evangelische Erzieher, 32. Jg. (1980), 341-356

Dembowski, Benno, Sacropop = aktuell? neu? up to date? antiquiert? von gestern? in: ixx 4/1989, 31

Döhring, Sieghart, Popmusik und Gegenkultur – Untersuchungen zu Frank Zappa, in: Reinhold Brinkmann (Hg.), Avantgarde. Jazz. Pop. Tendenzen zwischen Tonalität und Atonalität, Mainz, London, New

York, Tokyo 1978 (Veröffentlichungen des Instituts für Neue Musik und Musikerziehung Bd. 18), 107-119

Eco, Umberto, Apokalyptiker und Integrierte. Zur kritischen Kritik der Massenkultur, Frankfurt/M. 1984

Eggler, Mathieu, Beaten oder Beten? Bad Liebenzell 1988

Fabian, Hans-Georg, Die Kluft, mit der wir leben? Zur Situation der zeitgenössischen sakralen Popularmusik, in: Musik und Kirche, 57. Jg. (1987), 142-144

Faulstich, Werner, Rock – Pop – Beat – Folk. Grundlagen der Textmusikanalyse, Tübingen 1978

ders., Tübinger Vorlesungen zur Rockgeschichte, Gelsenkirchen 1983ff

Fluck, Winfried, Populäre Kultur. Ein Studienbuch zur Funktionsbestimmung und Interpretation populärer Kultur, Stuttgart 1979

Frei, Walter, Die Frage nach der geeigneten Kirchenmusik, in: Musik und Kirche, 53. Jg. (1983), 109-115

Freimuth, H.-G., Gotteserfahrung in der Musik, Zürich, Einsiedeln, Köln 1983

Frith, Simon, Jugendkultur und Rockmusik. Soziologie der englischen Musikszene, rororo-Tb., Reinbek 1981

ders., Music for Pleasure. Essays in the Sociology of Pop, Cambridge 1988

Gadsch, Herbert, Kirchenmusik zwischen Experiment, Sacro-Pop und Nostalgie, in: Musik und Kirche, 46. Jg. (1976), 69-73

Gerhardt, Rudolf, Der Schritt zu weit. Christliche Rockmusik, Dillenburg 1989

Georgiades, Thrasybulos, Musik und Sprache. Das Werden der abendländischen Musik, Berlin, Heidelberg, New York ²1974

Granzow, Peter, Wenn der Sound stimmt, kommt die Botschaft an, in: Musica Sacra, 106. Jg. (1986), 266f

Gräßmann, Frithjof, Spricht Gott nur Hochdeutsch? Über Sprache, Musik und Gemeinschaftsformen in der Kirche, München 1985

Granini, Pierre, Rockmusik und Magie. Es ist gefährlich, die Geister zu verwirren. Das magische Weltbild der »Can«, in: Jörg Gülden und Klaus Humann (Hg.), »Rock-Session Nr. 1«, Reinbek 1977, 3-9

Groh, Arnold, Rockmusik im Zwielicht, in: Materialdienst der EZW, 49. Jg. (1986), 355-357

Hansen, Bernhard (Hg.), Interessenverband Deutscher Komponisten, »Über die Grenzen«. E- und U-Musik – Bestandaufnahme einer musikalischen Entwicklung. Referate und Diskussionen des IV. Europäischen Komponisten-Symposions 13.-15. September 1985 in Kiel, Glinde 1986

Haselauer, Elisabeth, Berieselungsmusik: Droge und Terror, Wien u.a. 1986

dies., Musik – Luxusartikel oder Überlebensfaktor? Umfrage-Ergebnisse, Wien, München 1982 (Fragmente als Beiträge zur Musiksoziologie 13)

Hegele, Günter, So fing es mit den neuen Liedern an, in: Unser Auftrag. Zeitschrift für Mitarbeiterinnen und Mitarbeiter in der Kirche, 11/1989, 14f

Heiner, Wolfgang, Bekannte Lieder, Neuhausen-Stuttgart [4]1988

Heizmann, Klaus, Wo man singt, da laß dich ruhig nieder... So entstand die deutsche Jugendchorszene, Teil 1+2, in: Pack's Nr. 6 und 7/8, 1987

Henkys, Jürgen, Art. Kirchenlied II (20. Jhd.) und III (Praktisch-theologisch), in: Theologische Realenzyklopädie, Band XVIII, Berlin, New York 1989, 629-643 (Lit.!)

Herbst, Wolfgang, Ansprüche im Konflikt. Der Kirchenmusiker unter den Anforderungen von Gemeinde und Kunst, in: Der Kirchenmusiker, 36. Jg. (1985), 189-193

Herlyn, Okko, »Singen unter den Zweigen«, Erwägungen zu einem theologisch verantworteten Umgang mit neuen und alten geistlichen Liedern, Zürich 1986 (Theologische Studien 131)

Hesse, Sabine und Jan Thormodsaeter (Hg.), Ten Sing – eine neue Bewegung im CVJM, nordbundhefte Nr. 4, Hamburg 1989

Hoffmann, Raoul, Rockstory. Drei Jahrzehnte Rock- und Popmusik von Presley bis Punk, Ullstein-Tb., Frankfurt/M., Berlin 1981

Huber, Wolfgang, Folgen christlicher Freiheit. Ethik und Theorie der Kirche im Horizont der Barmer Theologischen Erklärung, Neukirchen [2]1985 (Neukirchener Beiträge zur Systematischen Theologie, Bd. 5)

Hucke, Helmut, Was ist eigentlich Kirchenmusik? Das Verhältnis von Kirchenmusik und Liturgie, in: Musica Sacra, 99. Jg. (1979), 193-199

Huizinga, J., Homo ludens. Versuch einer Bestimmung des Spielelements der Kultur, rororo-Tb., Reinbek 1987

Hummel, Berthold, Auf der Suche nach dem Würdigen. Zur Situation der Musik in der Kirche heute, in: Musica Sacra, 99. Jg. (1979), 200-202

Instruktion über die Musik in der Liturgie (Heilige Ritenkongregation), hrsg. und mit Zwischenüberschriften versehen von den Liturgischen Instituten in Trier und Freiburg (Schweiz), Trier 1967 (Nachkonziliare Dokumentation Band 1)

Irmer, Gotho von, Hosianna kommt vom Straßenrand... Jazz und Schlager in der Kirche gestern – und heute? Eine kritische Bilanz, in: Musik und Kirche, 48. Jg. (1978), 131f

Jackson, Michael, Moonwalk. Mein Leben, München 1988

Janssens, Peter, Kirchenmusik heute – Musik der Kirche heute? Kritische Anfragen – und ein Votum für Lebendige Liturgie, unveröffentlichtes Manuskript eines Vortrages beim 117. Studienkurs der VELKD in Pullach vom 18.9.-29.9.1989

Jenny, Markus, Art. Kirchenlied I (Historisch bis 1900), in: Theologische Realenzyklopädie, Band XVIII, Berlin, New York 1989, 602-629 (Lit.!)

Jerrentrup, Ansgar, Entwicklung der Rockmusik von den Anfängen bis zum Beat, Regensburg 1981 (Kölner Beiträge zur Musikforschung, Bd. 113)

Jost, Ekkehard, Sozialpsychologische Faktoren der Popmusik-Rezeption, hrsg. von Sigrid Abel-Struth, Mainz 1976

Jung, Michael, Betrachtungen zum Wesen und Inhalt der neuen Musikformen von Jugendlichen, in: Gottesdienst und Kirchenmusik 1988, 140-151

Kirchenmusik im Spannungsfeld der Gegenwart. Eine Aufsatzreihe im Auftrag des Verbandes evangelischer Kirchenchöre und des Verbandes evangelischer Kirchenmusiker Deutschlands, hrsg. von Walter Blankenburg, Friedrich Hofmann und Erich Hübner, Basel, Paris, London, New York 1968

Klausmeier, Friedrich, Die Lust, sich musikalisch auszudrücken. Eine Einführung in sozio-musikalisches Verhalten, Reinbek 1978

Kleinen, Günter, Massenmusik. Die befragten Macher. Wolfenbüttel, Zürich 1983 (Schriften zur Musikpädagogik 11)

Knolle, Niels, Populäre Musik in Freizeit und in der Schule, (Diss.) Oldenburg 1979

Koch, Albrecht, Angriff auf's Schlaraffenland. 20 Jahre deutschsprachige Rockmusik, Ullstein-Tb., Frankfurt/M., Berlin 1987

König, Antonius, Musik im Jugendgottesdienst heute – Fehlentwicklung oder Alternative? in: Musica Sacra, 101. Jg. (1981), 105f

Köster, Helmut, Ein Interview zur Situation der christlichen Musiker in der DDR mit Gottfried Schreiter, in: Pack's, 8. Jg. (1988), Nr. 7/8, 21

Kohli, Walter, Rock-Musik und christliche Lebenshaltung. Die größte musikalische Revolution des 20. Jahrhunderts, Zürich, Basel, Genf ³1982

Kramarz, Volkmar, Harmonieanalyse der Rockmusik. Von Folk und Blues zu Rock und New Wave, Mainz, London, New York, Tokyo 1983

Krieg, Gustav A., Grundprobleme theologischer Musikbetrachtung, in: Pastoraltheologie, 77. Jg. (1988), 240-253

Larson, Bob, Larson's Book of Rock, Wheaton, Illinois [2]1988

Lehmann, Theo, Negro Spirituals, Geschichte + Theologie, (Diss.) Witten 1965

Leitner, Olaf, Rockszene DDR – Aspekte einer Massenkultur im Sozialismus, Reinbeck 1983

Leukert, Bernd (Hg.), Thema: Rock gegen Rechts. Musik als politisches Instrument, Fischer-Tb., Frankfurt/M. 1980

Limburg, Hans J., Zur Rezeption von Beat- und Popmusik im Gottesdienst. Die Frage nach dem Stellenwert von Beat und Pop im Leben Jugendlicher, in: Musik und Altar, 24. Jg. (1972), 64-71

Ludwig, H.-W. u.a., Ein Gespräch mit Udo Lindenberg, in: Pack's, 2. Jg. (1982), Nr. 5, 14f

Luther, Martin, Ausgewählte Schriften. Bd. 5: Kirche, Gottesdienst, Schule, hrsg. von Karin Bornkamm und Gerhard Ebeling, Frankfurt/M. 1982

Magerl, Hans, Musik im Gottesdienst – Stillstand oder . . . ?, in: Musica Sacra, 107. Jg. (1987), 110-115

Malessa, Andreas, Tausend Tips für Mitarbeiter. Ein Handbuch für missionarische Veranstaltungen, Neukirchen-Vluyn 1985 (ABC-Team)

Metzger, Werner, Discokultur. Die jugendliche Superszene, Heidelberg 1980

Meyer, Hans B. (SJ) und Rudolf Pacik, Dokumente zur Kirchenmusik unter besonderer Berücksichtigung des deutschen Sprachgebiets, Regensburg 1981

Mitterhofer, Alfred, Zur Theologie der Musik, in: Diakonia, 12. Jg. (1981), Heft 2, 78-90

de la Motte-Haber, Helga, Musikpsychologie, Laaber-Tb., Regensburg [3]1984

Musik in der feiernden Gemeinde, hrsg. von Helmut Hucke, Erhard Quack und Heinrich Rennings, Freiburg, Wien, Einsiedeln, Zürich 1984 (Pastoralliturgische Reihe in Verbindung mit der Zeitschrift »Gottesdienst«)

Neumann, Horst, Popmusik als neue Religion. Die religiöse Subkultur der jugendlichen Musikszene und ihre Unvereinbarkeit mit dem Bekenntnis zu dem Herrn Jesus Christus, in: Diakrisis, 8. Jg. (1987), Nr. 3, S. 51-61

Pannenberg, Wolfhart, Anthropologie in theologischer Perspektive, Göttingen 1983

Papst Johannes Paul II. Liturgische Musik muß echte Kunst sein. Schreiben des Papstes an den Direktor der Capella Sistina, Msgr. Domenico Bartolucci, zum Europäischen Jahr der Musik 1985, in: Musica Sacra, 105. Jg. (1985), 486f

ders., Synthese von Liturgie und Musik als Ziel. Ansprache des Papstes bei der Einweihung des neuen Sitzes des Päpstlichen Instituts für Kirchenmusik, 1985, in: musica sacra, 106. Jg. (1986), 12-14

Peters, Albrecht, Der Mensch, Gütersloh 1979 (HST Bd. 8)

Peters, Dan und Steve, Manipulation im Rückwärtsgang. Was ist »backward masking«? Asslar ²1989

dies., Why Knock Rock? (with Cher Merrill), Minneapolis, Minnesota 1984

Pfaller, Susanne, Seelsorge mit Rock und Pop. Die evangelische Kirche benutzt Musik als ein Medium für die biblische Botschaft. »Die Walkman-Generation für Gott gewinnen«, in: Süddeutsche Zeitung, 9.1.1989

Procop, Dieter (Hg.), Massenkommunikationsforschung, Band 1: Produktion; Band 2: Konsumtion; Band 3: Produktanalysen, Fischer-Tb., Frankfurt a.M. ²1973, 1973, 1977

Rauhe, Hermann und Reinhard Flender, Schlüssel zur Musik, Düsseldorf, Wien 1986

Rendtorff, Trutz, Ethik. Grundelemente, Methodologie und Konkretionen einer ethischen Theologie, Band 1, Stuttgart, Berlin, Köln, Mainz 1980 (Theologische Wissenschaft, Bd. 13, 1)

Riehm, Heinrich, JUBILA – Jubilate. Kirchenmusik zwischen elitärem und populärem Musizieren, in: Musik und Kirche, 52. Jg. (1982), 75-80

Rockwell, John, Trommelfeuer. Rocktexte und ihre Wirkungen, Asslar ⁵1987

Rohwer, Jens, Neue Musik – Kirchenfeindlich? in: Musik und Kirche, 42. Jg. (1972), 64-73 und 112-121

Röller, Dirk, Religiöse Elemente der Rockmusik, in: religion heute 1977, Nr. 3, 15-17

Roser, Philip und Norbert Masslich, Okkult oder nicht? Grundsätzliches zum Thema am Beispiel »Black Sabbath«, in: Pack's, 8. Jg. (1988), Nr. 5, 10-12 (Interview mit dem Sekten- und Weltanschauungsbeauftragten der Ev.-luth. Kirche in Bayern, Friedrich Haack)

Rupprecht, Siegfried P., Pop – Von der Musikrevolution zum Jugendkonsum. Das große Geschäft mit der Pop-Musik, Heidelberg 1984

Salzinger, Helmut, Rock Power oder wie musikalisch ist die Revolution? Reinbek 1982

Sandner, Wolfgang (Hg.), Rockmusik, Aspekte zur Geschichte, Ästhetik, Produktion. Mit Beiträgen von H.J. Feurich u.a., Mainz 1977

Schepping, Wilhelm, Zur »Gemeindefähigkeit« des neuen geistlichen Liedes, in: Musica Sacra, 95. Jg. (1975), 172-177

Schlink, Basilea M., Rockmusik – Woher, Wohin? Darmstadt-Eberstadt 1989

Schmidt-Joos, Siegfried, Sympathy For The Devil. Aleister Crowley, Kenneth Anger und die Folgen, in: Jörg Gülden und Klaus Humann (Hg.), »Rock-Session Nr. 1«, Reinbek 1977, 10-19

Schmitt, Theo, Musik im Gottesdienst als Problem, in: Musik und Kirche, 55. Jg. (1985), 12-18

Schneider, Reinhard (Hg.), Anthropologie der Musik und der Musikerziehung, Referate des Symposions vom 24.-25. Oktober 1986 an der Pädagogischen Hochschule Flensburg, hrsg. im Auftrag der Gesellschaft für Musikpädagogik GMP, Regensburg 1987 (Musik im Diskurs)

Siebald, Manfred, »...daß man es eine Liederpredigt hätte nennen mögen«: Möglichkeiten des evangelistischen Konzertes, in: Klaus Teschner, Die Botschaft von der freien Gnade: Evangelisation in unserer Zeit. Festschrift für Johannes Hansen zum 60. Geburtstag, Neukirchen-Vluyn 1990, 124-136

ders., Evangelistische Musik zwischen Kunst und Kitsch, in: Musik und Kirche, 52. Jg. (1982), 81-88

ders., Mißtöne – Ärger mit der Musik, in: Schritte 3/1978, 7-11

SINGLES (Hg.), Kriterien zur Analyse und Bewertung neuer geistlicher Lieder, in: Musica Sacra, 105. Jg. (1985), 399f

Söhngen, Oskar, Erneuerte Kirchenmusik, Göttingen 1975

Stein, Franz A., Die Musik beim 98. Katholikentag in Aachen, in: Musica Sacra, 106. Jg. (1986), 262-265

ders., War die Musik beim Katholikentag wirklich so schlecht? in: Musica Sacra, 102. Jg. (1982), 394-399

Steinschulte, Gabriel Maria, SacroPop-Musical und Pop-Oratorium. Anmerkungen und Fragen zu einer neuen Gattung, in: Musica Sacra, 100. Jg. (1980), 373-381

Teufelsbeschwörungen und Satanskult im Heavy-Metal, Artikel aus der Zeitschrift »Metal Hammer« ohne Autorenangabe, zitiert in: Materialdienst der EZW, 49. Jg. (1986), 350-354

Thust, Karl Christian, Was sind gute neue Lieder? Eine Entgegnung, in: Musik und Kirche, 49. Jg. (1979), 71-74

ders., Wert und Funktion neuer Lieder – Kritisches Votum für ein neues

Evangelisches Kirchengesangbuch, in: Musik und Kirche, 56. Jg. (1986), 175-183

Töllner, Wolfgang, Reformation und Kirchenmusik, in: Gottesdienst und Kirchenmusik 3/1989, 77-83

Trautwein, Dieter, Der neue Lieder-Sommer. Wie Singen und Musizieren Spaß macht, in: Unser Auftrag. Zeitschrift für Mitarbeiterinnen und Mitarbeiter in der Kirche, Nr. 11/1989, 8f

Urban, Peter, Rollende Worte – die Poesie des Rock, Frankfurt/M. 1979

Weidinger, Norbert, Die modernen religiösen Lieder – Ausdruck einer Theologie des Volkes? in: Diakonia, 12. Jg. (1981), 110-116

Widmann, Joachim, Musik der Kirche in der Welt von heute, in: Musik und Kirche, 42. Jg. (1972), 157-167

Wiora, Walter, Die vier Weltalter der Musik. Ein universalhistorischer Entwurf, dtv/Bärenreiter-Tb., 1988

Wölfer, Jürgen, Die Rock- und Popmusik. Eine umfassende Darstellung ihrer Geschichte und Funktion, München 1980

Wünch, Hans-Georg, Rockmusik und Okkultismus, Zusammenhänge in der säkularen Rockszene, in: Fundamentum 2/1983, 25-35

Ziegenrücker, Wieland und Peter Wicke, Sachlexikon Popularmusik. Rock – Pop – Jazz – Folklore, München, Mainz 1988

Zimmermann, Heinz Werner, Neue Musik im Zwiespalt – Evangelische Kirchenmusik 1979, in: Musik und Kirche, 49. Jg. (1979), 221-228

Zimmermann, Peter, Rock 'n' Roller, Beats und Punks. Rockgeschichte und Sozialisation, Essen 1984

Auswahl-Diskographie (zum ersten Reinhören):

Bei der Firma Pila gibt es einen Klang-Katalog (also eine Kassette pro Quartal), die die neuesten Produktionen des Gospelrock dieses Vertriebes vorstellt. Im folgenden zähle ich nur wenige Werke zum ersten Kennenlernen auf (mit Kurzcharakteristik):

Gospelrock

Dieter Falk, von Dieter Falk, Pila 1989 (Verpoppte Choräle)

HIGHLIGHTS 1 + 2, Hänssler-Verlag 1988 (Querschnitt der Mainstream-Gospelrock-Szene)

Jubila-Song-Festival, Hänssler-Verlag 1988 (Querschnitt der Mainstream-Gospelrock-Szene + Liedermacher + Chöre)

Frontline, von »Koinonia« 1986, Vertrieb über Pila (Instrumentaler Jazz-Rock)

Josef. Eine Traumkarriere, Poporatorium von Jürgen Werth und Johannes Nitsch, hänssler-music 1988

To hell with the devil, Stryper, Enigma, Vertrieb über Pila u.a. 1986 (Beispiel für White Metal-Rock)

Sacropop

BergPredigt von Hubert Bognermayr und Harald Zuschrader, Teldec – Erdenklang, 1983 (Experimentell-avantgardistische Stilmittel)

Cosmogenia, Concerto for Orchestra, Choir and Band, von Christian Kabitz, Dieter Lauterbach, Guntram Pauli und Martin Schuster, PTA-Musik, München (Klassik-Rock-Oratorium)

Gib mir deine Hand, studiogruppe baltruweit, Dagmar Kamenzky Musikverlag 1989 (Sacropop-Gemeindelieder mit ökumenischer Perspektive)

Ich will glauben, Du bist da, Studiogruppe ZEBAOTH, Strube Verlag München 1990 (NGL und Sacropop-Mitsinglieder für die Gemeinde)

Jesus – einer von uns – Ein Musikspiel, von Christa Blanke und Peter Janssens 1987 (Sacropop-Musical)

Thomas, der Zweifler, Pop-Oratorium von Wolfgang Töllner und Peter Bubmann, Strube Verlag München, in Planung (Stilpluralismus von Gregorianik bis Rockmusik)

Liedermacher

Einen guten Freund zu haben, Siegfried Fietz, Abakus 1989 (Liedermacher-Pop)

Mensch sing mit, Clemens Bittlinger, Pila 1988 (Mitsinglieder im poppigen Arrangement)

Offenes Bekenntnis, Otto Hees, Narsapur-Verlag, Pila-Vertrieb (Kritische Lieder)

Spuren, Manfred Siebald, hänssler-music 1988 (lyrisch-poetische Vortragslieder)

Jugendchormusik

Komme was mag, Die Brückenbauer, Leitung: Berthold Engel, hänssler-music 1989 (Pop-Jugendchorsound)

Lichtblicke, Studiochor des MBZ, St. Goar, Leitung: Klaus Heizmann, Resonanz Music-Production (Lieder aus dem Chorliederbuch »Singt das Lied der Lieder«, Band 2)

Meditations- und Praisemusik

Die neue Flöte, Hans-Jürgen Hufeisen und David Plüss, TELDEC 1987
(Klassik-orientierte Flötenmusik)

Gesänge aus Taizé, Junger Chor St. Paul, Aachen u.a., Leitung: Josef
Hansen, Christophorus-Verlag (Typische Taizé-Musik von Jacques
Berthier)

Herr des Lichts, Jugend mit einer Mission. Lied des Lebens 1987, Vertrieb über Asaph und Pila (Typischer Sound der Anbetungsliteratur
von JMEM)

Meadowlark Sampler 86, Meadowlark, Vertrieb über Pila u.a. (Querschnitt über die amerikanische instrumentale meditative Musik)

Praise worship. Army of God, Hosanna Music, Vertrieb über Pila 1988
(Typische amerikanische Anbetungs-Popballaden)

Kindermusik

Die Hochzeit zu Kana. Hella's Kinder-Musical, hänssler-music 1989

Und sie fingen an, fröhlich zu sein. Ein Singspiel zum Gleichnis vom
verlorenen Sohn, von Rolf Krenzer und Lele und Detlev Jöcker, Menschenkinder-Verlag

Weil du mich so magst. 80 Lieder für den Religionsunterricht in der
Grundschule, von Ludger Edelkötter, Impulse-Verlag

Peter Bubmann

Urklang der Zukunft

New Age und Musik
276 Seiten. Kartoniert

Die New Age-Bewegung hat längst die Musikszene durchdrungen. Viele Musiker und Komponisten der U- und E-Musik suchen nach Ausdruck
des »neuen Bewußtseins« in meditativen Klängen
und kosmischen Harmonien und finden in der Be-
gegnung von europäischer und asiatischer Musik
Zugang zu einer neuen Spiritualität. Eine fundierte kritische Analyse dieser New Age-Musik
hat aber bisher gefehlt. Peter Bubmann (Jahrgang
1962), Musiker und Theologe, liefert dazu mit seiner gedankenreichen, glänzend geschriebenen
Untersuchung einen gewichtigen Beitrag. Er be-
faßt sich mit vier Repräsentanten der New Age-
Musik (Sri Chinmoy, Peter Michael Hamel,
Joachim-Ernst Berendt und Dane Rudhyar) und
gibt weiterführende Anregungen zur Diskussion
über das Verhältnis von Musik und Religion.

Quell Verlag

Klaus Meyer zu Uptrup · Michael Jungo OSB (Hg.)

Lima-Liturgie

Vertont von Maxime Kovalevsky
Einführung · Partitur · Auswahlgesänge und -gebete
168 Seiten. Fest gebunden
In Gemeinschaft
mit dem Matthias-Grünewald-Verlag

Die Lima-Liturgie, entstanden im Zusammenhang mit den Konvergenzerklärungen von Lima 1982, ist ein wichtiges Dokument der Ökumene. Sie bietet eine Gestalt der Eucharistie- oder Abendmahlsfeier, in der Traditionen aus allen Kirchen in Ost und West zusammenklingen. Sie ist eine Feier, in der Christen sonst getrennter Kirchen die verborgene Mitte der Einen Kirche erfahren können.

Im Geist solcher »Konvergenz« hat Maxime Kovalevsky die deutsche Textfassung der Lima-Liturgie vertont. Damit liegt erstmals eine stilistisch einheitliche musikalische Gestaltung der Eucharistiefeier vor, in der liturgische Traditionen aus allen Kirchen in Ost und West zu einer neuen, eindringlichen Klangsprache verschmolzen werden. Die mehrstimmige, rein vokale Komposition ist bewußt einfach gehalten; sie kann auch von kleineren Chören und von der Gemeinde gesungen werden.

Quell Verlag